Straeon Siesta

Argraffiad cyntaf: Tachwedd 1997
⊕ Hawlfraint y casgliad: Y Lolfa Cyf., 1997

Diolch i *Taliesin* am gael cynnwys
'Y Mwnshi a'r Diacon' gan Gwyneth Carey,
ac 'Antonia' gan Robat Gruffudd.

Llun y clawr: Ruth Jên

Rhif Llyfr Rhyngwladol: 0 86243 422 X

Cyhoeddwyd yng Nghymru
ac argraffwyd ar bapur di-asid a rhannol eilgylch
gan Y Lolfa Cyf., Talybont, Ceredigion SY24 5HE
e-bost ylolfa@ylolfa.com
y we www.ylolfa.com
ffôn (01970) 832 304
ffacs (01970) 832 782
isdn (01970) 832 813

Tocyn Tramor

GOL. DELYTH GEORGE

Cynnwys

Un Letusen Ni Wna Salad

BETHAN EVANS

Roedd acen Ffrangeg Suzanne, yr *assistante* Almaeneg, yn ardderchog; llifai'r geiriau o'i gwefusau bwa yn un gadwyn hir, felfedaidd. Gwenu ar ei gilydd wnaeth staff swyddfa Lycée St Exupéry pan atebodd Iola gwestiwn cyntaf Monsieur le Prifathro. Roedd y gwahaniaeth yn frawychus. Dal ati i fwydro wnaeth y Gymraes, a'i hacen yn mynd yn fwy tail gwartheg cerdd-dantaidd a chacen gri Gymreig gyda phob sill. Mynnai Monsieur le Prifathro, mwnci o ddyn dannedd melyn, ei galw'n 'La petite Anglaise'. Mynnodd hithau bwysleisio, "Mais non, je suis galloise, monsieur." Ond *la petite Anglaise* fu hi am weddill y flwyddyn. Wrth lwc, fyddai hi ddim yn ei weld yn aml. Anaml fyddai o'n tywyllu dosbarthiadau'r adran Saesneg. Doedd ganddo fawr o barch at *les Britanniques*, yn enwedig a'r 'imbéciles' ar ganol ffiasgo Les Malouines.[*]

Roedd Saesneg Suzanne hefyd yn gwbl ddifrycheulyd, ond penderfynodd y ddwy mai yn yr iaith Ffrangeg y bydden nhw'n cyfathrebu o hyn allan, ac fe olygai hynny gryn dipyn o amser gan eu bod yn gorfod rhannu tŷ.

Tŷ teras â waliau melynfrown pibo llo bach oedd eu

---

[*] Ynysoedd Falkland/Malvinas

cartref newydd, gyda stafell molchi yn y selar a dim gwres. Taflwyd ffranc i'r awyr i weld pwy fyddai'n cael y llofft fwyaf gyda'r gwely dwbl. *"Pile,"* meddai Iola. *"Face,"* meddai'r darn arian. Symudodd Iola ei stondin i'r llofft fechan gwely sengl, carped brown a chyrtens pinc oedd â ffenest yn feicroffon i'r stryd y tu allan. Pan ddeuai'r lori ludw heibio, byddai'r gwely'n ysgwyd.

Byddai gwely Suzanne yn ysgwyd bob nos. A dweud y gwir, byddai'n bownsio a chlecio a llafarganu i gyfeiliant yr eirfa Ffrangeg ryfedda, geiriau na allai Iola yn ei byw ddod o hyd iddynt yn y geiriadur, er fod y cyd-destun yn gwbl amlwg drwy'r waliau papur Rizla.

Er fod gan yr Almaenes gariad del ofnadwy gartref yn yr Almaen – hogyn tal gwallt tywyll a yrrai BMW yr holl ffordd o Wolfsburg i'w gweld bob yn ail benwythnos – roedd hi am fachu pob cyfle i ehangu ei gwybodaeth o bob elfen o *la vie en France* a'r iaith Ffrangeg. Doedd yna byth brinder myfyrwyr i'w chynorthwyo gyda'i hymchwil. Roedd ganddi goesau hirion siapus a nifer fawr o sgertiau byrion i'w tanlinellu. Arf arall oedd steil ei gwallt; rhyw gyrten melyn a guddiai hanner ei hwyneb ond a gâi ei daflu'n ôl pan fyddai darpar gynorthwy-ydd ymchwil reit addawol yn ei llygadu. Iola fyddai'n ateb y drws bob amser, ac yn gorfod cynnig *apéritif* i'r amrywiol ddynion o bob siâp, lliw a llun tra byddai Suzanne yn miniogi ei geirfa gydag un oedd wedi cyrraedd yno'n gynt na'r gweddill. Câi Iola gynigion i ehangu ei geirfa hithau pan fyddai rhai ohonynt yn syrffedu aros, ond gwell oedd ganddi lynu at sgwrsio llai lliwgar ac ysgrifennu llythyrau dyddiol i'w chymar ffyddlon gartref yn yr henwlad.

Pan oedd tri gŵr ifanc yn cael trydydd gwydraid yn y

parlwr un noson, gofynnodd un digon diolwg iddi os oedd hi'n wir fod *les Britanniques* yn bobl oeraidd a diemosiwn. Eglurodd hithau'n ddigon parod fod y Cymry hyd yn oed yn waeth na'r Saeson o ran cusanu a chyffwrdd ag unrhyw un ar wahân i fabis neu gariadon. Defnyddiodd fel enghraifft y ffaith nad oedd erioed wedi cusanu ei mam ei hun. Yn anffodus, gan nad oedd hi eto wedi meistroli'r defnydd o eiriau mwy beiddgar yr iaith, defnyddiodd y ferf *baiser* am gusanu, berf a olygai 'cusanu' yn ôl ei geiriadur eilradd hi. Wyddai hi ddim fod ystyr y ferf wedi newid dros y blynyddoedd a'i fod bellach yn golygu gwneud llawer iawn mwy na dim ond cyffwrdd gwefusau. Syllai mewn penbleth llwyr ar y gwŷr ifanc yn rowlio ar y llawr mewn dagrau. Cochodd at ewinedd bodiau ei thraed pan eglurodd un yn herciog ei bod newydd ddatgan nad oedd erioed wedi ffwcio ei mam.

Gwellodd ei Ffrangeg yn syndod o sydyn, a thaflodd ei hun yn llwyr i'r ffordd Ffrengig o fyw. Daeth i arfer efo blas gwin coch, er iddi dyngu ar ôl ei slochiad cyntaf o Bull's Blood ym Mhadarn Roc na fyddai byth eto yn cyffwrdd â'r stwff. Dysgodd sut i'w fwynhau, a gwerthfawrogi o leiaf un gwydraid bob amser swper. Wedi blynyddoedd o reslo danheddog gorfodol â chig eidion wedi'i grasu'n goncrit yn yr hen ffordd Gymreig o goginio, roedd yn gryn sioc cael ei hwynebu gan saig yn nofio mewn llyn o waed cochbinc, prin wedi torheulo, heb sôn am goginio. Ond bu'r cyfeillion yn amyneddgar, a sylweddolodd Iola gyda hyn, ei bod yn hoff iawn iawn o gig amrwd wedi'r cwbl. Blasodd gawsiau oedd yn edrych ac yn arogli fel carthion cath ar farw, a syrthiodd mewn cariad llwyr. Ffolodd ar *îles flottantes* a gwirionodd ar *crème brûlée.* Chwyddodd fel morfil beichiog a phrynu dillad gwasg lastig.

Aros yn denau fel edau wnaeth Suzanne, gan na hoffai flas y caws, ac roedd ei hymchwil nosweithiol yn waith caled, a hynod gorfforol. Ysgrifennu llythyrau cariadus a Walkman am ei chlustiau wnâi Iola, a cherdded yn hamddenol hapus at y ciosg ffôn i gael clywed ei lais.

"Haia. Fi sy 'ma."

"Smai, gorjys?"

"Well rŵan. Dw i'n dy golli di."

"Dw i'n dy golli di'n uffernol a dw i isio chdi."

"Dw i dy isio di'n ofnadwy a dw i'n dy garu di."

"Dw i'n dy garu di'n anhygoel a dw i'n dod i dy weld ti."

"Be?"

"Dw i'n cymryd wythnos o wylia, a dw i'n dod draw ar y trên."

"Wir yr? O, Wyn! Pryd?"

"Wythnos nesa!"

"Waw! Ond fedri di'i fforddio fo?"

"Na fedra, ond ti werth pob dima yn y coch."

"O boi, dw i wedi cynhyrfu'n lân."

"Cadwa fo. I mi."

Trodd gweddill y sgwrs yn bur goch a hedfanodd Iola adref.

Drannoeth, aeth i Hypermarché Leclerc yn ystod gwers rydd i brynu dillad isaf rhywiol, ond wedi dychwelyd adref i'w gwisgo, roedd y bra braidd yn dynn. Gorlifai ei chnawd yn fynyddog dros y ddwy gwpan ecob ac o dan ei cheseiliau. Mynnai'r nicer sgleiniog rowlio o dan ei bogel, ond os anadlai i mewn yn ddwfn, fe wnâi'r tro. Rhoddodd y gorau i'w *mille-feuille* adeg paned pnawn, a bodloni ar gaws bwthyn a thaten bob nos, ond erbyn y bore tyngedfennol roedd botwm ei jîns yn dal fodfeddi oddi cartref, a'i stumog yn taranu ei hanfodlonrwydd. Hwfrodd, dystiodd, molchodd, siafiodd, sychodd, a sgwriodd ei dannedd nes i'w phoer droi'n binc. Gwisgodd y dillad isaf sgleiniog duon, tynnodd grys chwys mawr du dros ei phen a legins duon dros ei chluniau. Gyda'r gôt law fawr a brynodd gyda'i chyflog cyntaf, edrychai'n eithaf smart. Llusgodd gadair at y drych a sefyll arno er mwyn ceisio gweld sut olwg oedd ar ei hanner isaf. Taflodd yr esgidiau sodlau uchel i grombil y wardrob a dod o hyd i bâr o fwtsias duon. Dyna welliant. Braidd yn aeafol efallai, ond llawer mwy *chic*. Haenen denau o golur, cic i hanner tunnell o lanast dan y gwely, tacluso mymryn ar y cwrlid, ac aeth i ddal y bws.

Roedd hi'n oer a gwlyb, a chwydai'r ffatrïoedd eu mwg yn anweledig i gawl o niwl. Edrychai'r stesion fel set ffilm du a gwyn, gydag un gŵr unig mewn côt law Fogartaidd yn tynnu ar ei Gauloise. Corddai stumog Iola. Brysiodd i'r lle chwech i frwsio mymryn ar ei gwallt. Roedd y drewdod fel dwrn yn ei hwyneb, ond crychodd ei thrwyn a cheisio glanhau'r drych â'i llawes. Daria, dylai fod wedi torri ei gwallt. Disgynnai ei ffrinj dros ei llygaid, ond nid oedd yn ddigon hir i aros yn ufudd y tu ôl i'w chlustiau. Ceisiodd ei wlychu ac yna'i gyrlio'n sych am ei bysedd, ond yn ofer. Bodlonodd ar daflu'r cynffonnau llygod Ffrengig yn ôl dros ei chorun a cheisio dal ei gên yn uchel i orchfygu disgyrchiant. Sgwriodd ei dannedd â'i bys cyn camu'n ôl a gwenu. Fe wnâi'r tro.

Dychwelodd i'r platfform. Roedd hi wedi dechrau pigo bwrw.

O'r diwedd, clywodd sŵn trên Brwsel yn gwichian tuag ati. Brathodd ei gwefus. Aeth rhesi o ffenestri heibio yn araf ddiddiwedd, ac wynebau llwyd yn rhythu'n wag o'u caethiwed myglyd. Ganrifoedd wedyn, daeth y cwbl i stop, ac agorwyd drws yma ac acw. Neidiodd llanciau ifanc mewn gwisg filwrol yn swnllyd a llwythog o'r grisiau, a brysio adre i wasgu pob eiliad posib allan o'u dyddiau prin o ryddid. Yna daeth dau ŵr busnes, a merch ifanc yn stryffaglio efo'i babi a'r holl geriach angenrheidiol. Roedd rhywun yn ei chynorthwyo ac yn estyn bag arall iddi. Braich hir, gref, a bysedd cerddor. Camodd y coesau hirion ar y concrit a chododd ei ben. Gwelodd Iola a gwenodd.

Roedd Iola bron â marw eisiau rhedeg ato, ond fe'i daliwyd yn ôl gan swildod a magwraeth Fethodistaidd. Cerddodd yn bwyllog tuag ato a'i chluniau'n gwegian. Roedd o mor anhygoel o brydferth; chwe throedfedd a mwy o gyhyrau cedyrn, gwallt melynfrown yn cyrlio dros lygaid gleision cynnes, a gwên fel duw.

Agorodd ei freichiau yn llydan a'i chofleidio. Roedd o'n teimlo mor fawr a chadarn. Roedd hi'n teimlo mor fawr a meddal. Gafaelodd yn ei hwyneb a'i chusanu ag angerdd misoedd. Plannodd ei bysedd yn ei wallt a'i war a'i gusanu'n wallgo wyllt. Curodd dyrnau ar ffenestri'r trên a threiddiodd yr anogaeth trwy'r gwydr. Gwenodd y ddau ar y gynulleidfa o fabi-filwyr croch, cochi mymryn a chofleidio eto.

Wedi'r sioc o gyrraedd y tŷ, aeth Wyn am bisiad sydyn. Roedd y lle chwech yn y selar, o bobman, a hwnnw wedi ei adeiladu gan gorrach. Aeth yr hwn fu mor fawr yn y bws yn fychan fach yn yr oerni. Plygodd ei ffordd at y sinc a chyrcydu er mwyn gweld ei dalcen yn y drych.

Roedd y ploryn fu'n ei boeni drwy'r nos wedi'i ddofi, diolch byth. Roedd y dŵr yn oer. Iesu, roedd hi wedi twchu. Fiw iddo ddeud dim, doedd o ddim am ddifetha'r wythnos, ond blydi hel, roedd hi fel balŵn, fel baral, yn gron fel afal. A pham na fyddai wedi disgrifio'r tŷ iddo yn ei llythyrau, yn lle gadael iddo ddychmygu bwthyn gwyngalchog ar fryncyn hyfryd, braf yn sbio i lawr dros aceri o winllannoedd gwyrddion? Roedd y lle 'ma'n dwll. Llenwodd wydr â dŵr rhewllyd y tap a'i ddal wrth ei wefus cyn ei dywallt yn ôl i'r draen. Go brin fod dŵr tap Ffrainc yn ffit i'w yfed.

Roedd hi'n eistedd ar y gwely, wedi tynnu ei chôt a'i hesgidiau a'i sanau, ond dyna i gyd. Pam na fyddai wedi tynnu pob cerpyn a'i lledaenu'i hun i'w groesawu fel y gwnaethai yn ei freuddwydion?

Roedd hi wedi bwriadu'i thaenu ei hun yn noethlymun nwydus dros y cwrlid, ond gwyddai ei fod wedi sylwi ei bod wedi magu pwysau, er na ddywedodd air am y peth, chwarae teg iddo. Haws fyddai cuddio'r cwbl yng nghuddfan gynnes, dywyll y gwely.

Eisteddodd wrth ei hochr a dechreuodd yr ymbalfalu. Taflwyd hosan, trôns a nicer i ben draw'r stafell. Diffoddodd hi'r golau ar ganol diosg ei bra.

"Pam wnest ti hynna?"

"Er mwyn i ni gael tywyllwch."

"Ond dw i isio dy weld ti."

"Ond...O...Ocê 'ta."

Roedd hi'n ffitio fel maneg, roedd hi'n hyfryd, hyblyg ac yn gwneud popeth o fewn ei gallu i'w blesio.

Roedd o'n dyner ofalus a gwallgo greulon am yn ail. Roedd hi'n ei addoli. Trawai pen pren y gwely yn erbyn y wal ac roedd y sŵn dyrnu'n fyddarol, ond allai o ddim stopio rŵan. Roedd y sŵn yn mynd ar ei nerfau ond allai hi ddim gofyn iddo stopio.

"Ti'n dod?"

"Jest iawn."

Allai o ddim dal fawr mwy.

Cresendo o duchan a gwichian ac yna coblyn o glec. Syrthiodd y ddau drwy ffrâm y gwely a syrthiodd y pen pren ar eu pennau.

"Be uffar?"

Wedi ennyd o dawelwch, dechreuodd Iola chwerthin; yn dawel, nerfus i ddechrau, yna yn uchel afreolus, nes bod y dagrau'n powlio.

"Dw i'm yn gweld be sy mor blydi digri."

Allai hi ddim creu geiriau, roedd ei bol hi'n brifo.

"Dyro'r gora iddi, 'nei di?"

"Dw i'n trio!"

"A symuda dy goes, dw i mewn poen fan'ma."

Roedd y gwely'n rhacs, a'r darnau pren tila oedd yn dal y matres wedi torri'n daclus yn eu hanner, bob un.

"Blydi gwely ceiniog a dima. Fedar y ffrogis 'ma ddim gneud gwelya call, dwa'?"

Gadawodd iddo roi ei feddwl peirianyddol at waith ynghanol y goelcerth o styllod a dillad gwely, ac aeth i baratoi paned. Roedd hi'n hanner awr wedi deg y bore; brecwast hwyr amdani. Cynhesodd y *croissants* drud a brynasai'n arbennig ar gyfer yr achlysur, rhai mawr melyn yn feichiog efo cymysgedd bendigedig o gnau almon a siwgr, gyda choron wen o eisin a chnau main wedi'u tostio.

Daeth Wyn i mewn i'r gegin yn cecian mewn siwmper wlanog.

"Dw i'n fferru'n y lle 'ma. O'n i'n meddwl fod Ffrainc i fod yn wlad boeth."

Gwenodd arno a thynnu cadair iddo gael gosod ei ben ôl noeth arni.

"Mi neith y banad 'ma dy g'nesu di, yli."

Syllodd yn amheus ar y sgwaryn papur oedd yn hongian dros ochr y gwpan.

"Be 'di hwn?"

"Label y bag te. Tydan nhw'm yn gneud bagia te fel ni, 'sti."

"Pam ddim?"

"Dwn i'm. Coffi maen nhw'n ei yfed gan amla."

"Be 'di rheina 'ta?" Amneidiodd at y blât o *croissants* o'i flaen.

"Brecwast."

"Y?"

"*Croissants* sbeshal. Maen nhw'n ffantastig. Tria un, maen nhw'n gynnes neis."

"Dw i'm yn licio nhw."

"Sut wyt ti'n gwbod a chditha heb eu trio nhw?"

"Bacwn ac wy dw i isio, ti'n gwbod hynna."

"Ond o'n i'n meddwl … ti yn Ffrainc rŵan, Wyn."

"So? Sgynnyn nhw'm moch yma neu rwbath?"

"Wel oes, siŵr, ond tydyn nhw'm yn gneud bacwn fel ein bacwn ni."

"*Typical.* Yr holl ffys fod *chefs* Ffrainc mor blydi anhygoel, a fedran nhw'm hyd yn oed gneud bacwn."

"Tria un jest i gael gweld."

"Na 'naf. Gyma i gornfflêcs. Maen nhw'n gneud cornfflêcs, siawns?"

Wedi tridiau o gysgu a charu ar y llawr, a chlompen o

stecan a sglodion i swper bob nos, roedd Wyn yn fwy bodlon ei fyd. Ond doedd ganddo fawr o feddwl o'r hoeden Almaeneg 'na. Rhwbio'i chluniau a gneud llygaid llo bach arno fo o flaen Iola, wir. Pwy oedd hi'n feddwl oedd hi? Ond roedd ganddi uffar o bâr o goesa, chwarae teg. Ond dim tits. Doedd hogan heb dits yn dda i ddim. Ac roedd rhai Iola'n ffantastig. Roedd o'n ei charu hi go iawn, ac isio gafael ynddi bob munud. Ella ei bod hi chydig yn fwy nag arfer, ac yn cabalatsio yn Ffrangeg efo'i ffrindia dragwyddol, ond doedd hi ddim wedi newid; ei Iola annwyl, gynnes oedd hi o hyd.

Rhoddodd Iola'r ffôn yn ôl yn ei grud gyda gwên.

" 'Dan ni wedi cael ein gwa'dd i swper fory!"

"Efo pwy?"

"Evelyne, un o'r athrawon Saesneg. Mae hi'n grêt, 'nei di ei licio hi, hi a'i gŵr a ffrind arall."

"Ydi'r gŵr a'r ffrind yn gallu siarad Saesneg?"

"Mae'r gŵr yn gallu mymryn, ond dw i'm yn siŵr am y ffrind. Groegwr ydi o, dw i'n meddwl. Gawn ni aros yno dros nos, medda hi, a s'im isio i ti boeni am y bwyd, dw i wedi deud wrthyn nhw pa mor ffysi wyt ti, ac maen nhw'n mynd i losgi stêc yn golsyn i chdi!"

"Grêt. Diolch. Be am y lysh?"

"Dw i wedi deud dy fod ti'n methu diodda gwin, paid â phoeni."

Roedd hi'n edrych ymlaen at gael siarad efo rhywun arall am y tro cyntaf ers iddo gyrraedd, ac yn falch o'r esgus i gael symud o'r tŷ. Doedd o ddim wedi dangos unrhyw fath o ddiddordeb mewn mynd am dro na gweld y dref na mynd i'r bar efo'i ffrindiau na dim. Yn naturiol, roedd hi wrth ei bodd yn caru am oriau efo fo wedi'r holl fisoedd o fodloni ar lythyrau bron yn bornograffig, ond ysai am gael hoe rhag clawstroffobia ei llofft.

Doedd ganddo ddim llwchyn o awydd mynd am swper efo rhyw blydi athrawes a'i ffrindia fforin, ond roedd o'n amlwg yn bwysig i Iola. Efallai y câi beint o chwerw yno, yn lle'r poteli llowciad piso cath 'ma brynodd o yn y *duty free*.

"Welcome, Iola. Welcome, Ween!" Cusanodd Evelyne a Iola fochau ei gilydd ddwywaith, ac fe gafodd Wyn yr un driniaeth, er na wyddai pa foch i'w chusanu gyntaf, a daeth yn agos iawn at roi hed byt go hegar iddi. Roedd hi'n slasian o ddynes ac ystyried ei hoed. Tri deg a phump, meddai Iola, ond roedd hi'n edrych ddeng mlynedd yn iau. Aeth Evelyne â nhw i'r stafell fyw, a'u cyflwyno i Patrice, y gŵr, a Stavros, y ffrind. Cafodd Iola'r ddwy gusan ddefodol, a dechreuodd Wyn chwysu. Ond estyn ei law wnaeth Patrice, diolch byth, ac ysgwyd yn solat hefyd. Braidd yn llipa oedd llaw Stavros, ond roedd o'n edrych yn ddigon normal. Ac oedd, roedd ganddyn nhw boteli mawr o Stella. Reit dda. Doedden nhw fawr o yfwrs, chwaith; roedd o wedi gorffen tair cyn iddyn nhw orffen y gynta, ond roedd o'n siarad llai na nhw. Asu, roedd o'n llwgu. Oeddan nhw'n pasa dechra bwyta cyn hanner nos tybed?

"You have hungry, Ween?" holodd Patrice.

"Aye, like a horse," cytunodd Wyn. "These flamin' *croissants* aren't a patch on bacon and eggs, are they? Wouldn't fill a flea, man."

Aeth pawb drwodd i'r ystafell fwyta, oedd yn fawr a gwyrdd ac yn llawn geriach hipis a mwclis a lluniau o dywod ac Arabiaid, fel gweddill y tŷ.

"Pam fod 'na ogla cath 'di piso ymhobman?" holodd yn dawel wrth ddilyn Iola.

"Ogla *patchouli* ydi o."

"Digon i godi cyfog."

"Callia!"

Pam uffar roedd hi'n flin efo fo? Roedd o'n gneud ei ora glas, toedd?

Roedd 'na fowlan fawr o letus ynghanol y bwrdd, a basgedaid o fara di-fenyn wrth ei ochr.

"Help yourself to ze salad, Ween," gwenodd y rhywiol Evelyne.

"Aye. Right." Edrychodd ar Iola am gymorth. Gwgodd hithau'n ôl arno.

"Mae o o flaen dy drwyn di."

Letus? Dim ond letus? Be am y nionod picyl, y caws, y cig moch oer a'r wy wedi'i ferwi? Ble roedd y tomatos a'r creision a'r salad crîm? Asiffeta.

Cododd ddeilen fechan lipa o'r fowlen a'i gosod yn swta ar ochr ei blât, a phasio'r fowlen i Iola. Roedd ei bochau hi'n fflamgoch. Gormod o'r gwin coch 'na, beryg. Llanwodd hithau ei phlât efo'r letus seimllyd, fel y gwnaeth pawb arall.

Gwenodd Stavros arno.

"You are not like salad?"

"Salad, yes, lettuce, no." Gwingodd wrth i Iola grensian ei fodiau â'i sawdl.

"Aw. Stopia."

"Stopia di fod mor uffernol o ddigywilydd 'ta."

"Dim ond deud y gwir wnes i. Tydw i ddim yn licio blydi letus."

Roedd y tri arall yn tawel gnoi'r dail gwyrdd, yn ceisio

peidio â sylwi ar y tyndra yn yr iaith ryfedd oedd rhwng y ddau.

"More *bière*, Ween?" holodd Patrice ymhen ychydig.

"Aye. It's really good, thank you."

O'r diwedd, daeth y stêcs. Roedd Iola'n dechrau ymlacio ar ôl rhoi clec i'r gwydraid yna o win. Roedd o'n gwneud ei orau rŵan, ac yn dechrau gwenu, chwarae teg, ac erbyn meddwl, fyddai o ddim wedi sylweddoli mai cwrs cyntaf oedd y salad. Roedd ei ddeilen unig wedi bod yn disgwyl cwmni'r stecan "well done – very well done – cremated please" tra bu'r lleill yn bwyta ac yn mopio'r *vinaigrette* efo'r bara.

Roedd hi'n edrych yn fendigedig, er ei bod hi dipyn llai na'r *T-bone* fu yn ei ddychymyg. Plannodd ei gyllell ynddi gydag awch a stopio'n stond. Roedd hi'n blydi wel pinc tu mewn, a gwaed cochbinc yn llifo o'i chlwyf. Cododd ei ben a dal llygaid Evelyne yn sbio'n las ac anferth arno.

"Is there something wrong, Ween?"

Edrychodd ar Iola am eiliad, ond roedd hi'n sbio'r ffordd arall a'i thalcen hi'n drwm yn ei llaw chwith. Roedd hi'n disgwyl iddo fo fwyta cig amrwd yn dawel ddi-ffys, mwn.

"Well, yes, actually, it's not very well done. It's bleeding still, look."

"Oh. Sorry, I forgot, English people …"

"Welsh."

"Sorry, yes, all British people like their steaks like cardboard, *hein*! I will cook it some more, *pas de problème*."

Roedd yr ail gynnig yn llawer gwell, ond roedd 'na rywbeth mawr o'i le efo'r tatws gludiog, hufennog.

"Iola, mae'r tatws sy gin i'n drewi. Sut mae dy rai di?"

"Lyfli. Jest byta nhw, 'nei di? Maen nhw'n berffaith iawn."

"Dim uffar o beryg."

"Garlleg sy ynddyn nhw, reit? Dyna'r cwbl; neith o mo dy ladd di."

"Garlic?"

Cododd y tri arall eu pennau eto. Chwarddodd Patrice.

"You are not like garleec, no?"

"Am I like garlic? No, I smell nicer."

"But, for we in France, eet ees ze most wonderrful zing, everybodee love eet."

"Aye, and don't we know it. We can smell you a mile off, man."

"Qu'est-ce qu'il a dit? J'ai pas compris."

Bu gweddill y pryd yn bur dawel, ac oherwydd diffyg caws coch, call ynghanol y platiaid o bethau hylifol, pydredig, cafodd Wyn ddwy botel arall tra bu'r lleill yn claddu'n dawel i'w *fromage*.

Llwyddodd Iola i ymddiheuro tra oedd Wyn yn hir wagu ei bledren yn y lle chwech, ond roedd pawb yn fonheddig iawn ac yn gwadu iddo bechu neb. Aeth pawb i'w gwelyau yn anarferol o gynnar.

"Asu, gwely neis 'de? Gawn ni hwyl ar hwn."

"Chawn ni ddim."

"Y?"

Gwnaeth ei orau glas i'w pherswadio y dylent fanteisio ar faint a safon y gwely a'i awydd yntau i fynd â hi i'r nefoedd ac yn ôl, ond roedd fel ceisio cusanu wal farmor. Roedd hi'n mynnu troi ei chefn ato a'i slapio i ffwrdd fel pry annifyr. Ceisiodd wthio'i law rhwng ei choesau caeedig, ond cafodd ddwrn rhwng ei goesau ei hun am y drafferth. Pan ddaeth ei lais yn ôl, trodd yntau ei gefn ati hithau.

"Bydda fel'na 'ta'r ast." A dechreuodd chwyrnu o fewn eiliadau.

Ni lwyddodd Iola i gysgu am oriau hirion, a phan ddeffrodd y bore canlynol, roedd ei llygaid fel marblis cochion a'i phen yn un cur mawr crwn.

Roedd Wyn yn cysgu fel babi, a'i freichiau'n cofleidio'r gobennydd. Roedd ei chorff a'i chalon eisiau cau amdano fel cwrlid cynnes, ond roedd ei phen wedi codi wal. Pan agorodd Wyn ei lygaid a gwenu arni, disgynnodd un fricsen, ond pan chwalodd wynt yn ei hwyneb, neidiodd y fricsen yn syth yn ôl i'w lle.

"Ty'd, coda. 'Dan ni'n mynd."

"Be? Rŵan, munud 'ma?"

"Ia."

"Helpa fi i ddeffro gynta ..."

"Dim ffiars." Neidiodd o'r gwely a thaflu dillad Wyn i ganol ei wyneb cegagored.

Tagodd yntau ei hun yn effro. Be ddiawl oedd yn bod arni? PMT mae'n rhaid. Ochneidiodd a chodi ar ei eistedd. Iesu, roedd ganddo'r gwynt mwya diawchedig. Blydi bwyd fforin. Doedd ei ben ddim yn teimlo'n rhyw gant y cant, chwaith.

Mynnodd Iola eu bod yn gadael heb hyd yn oed gael paned. Cribodd Wyn ei wallt tra bu hi'n ysgrifennu nodyn byr – yn Ffrangeg – i Evelyne. Cyn pen dim roedd y ddau allan ar y stryd lwyd, gobleinig o oer, ac ar wahân i'r hen foi oedd yn gyrru'r lori lanhau, doedd dim golwg o undyn byw yn unlle. 'Doedd pawb yn dal yn eu gwelyau ar fore

24

Sadwrn?

"Be 'di'r brys, Iol?"

Ni chafodd ateb call, dim ond edrychiad oedd yn ddigon i fferru dyn yn ei golsyn. Brasgamodd yn ei blaen a'i dwylo wedi'u sodro i'w phocedi, a'i thin prin yn symud. Cododd Wyn ei lygaid tua'r cymylau a'i dilyn yn hynod anfodlon, a dim ond llwyddo i neidio mewn pryd wnaeth o cyn i'r lori lanhau sbydu dŵr dros ei 'drainers' newydd. Roedd ganddo goblyn o gur pen rŵan.

Cafwyd coffi fel llond tun o driog du mewn caffi digon amheus, ond chafodd o fawr o sgwrs yn fan'no chwaith.

"Wyt ti'n pasa siarad efo fi ryw ben?"

Rhyw duchan fel dafad.

"Be ddiawl dw i 'di neud, y?"

Dwy lygad yn fflamio'n fud.

"Ti'n bod yn hollol blydi stiwpid rŵan, Iola."

Dilynodd hi allan i'r stryd unwaith eto. Roedd 'na siopwyr o gwmpas bellach, a'r pafinoedd yn sgleinio a'r niwl wedi codi.

" 'Sgen ti awydd deud wrtha i be 'dan ni'n mynd i' neud heddiw 'ta?"

Trodd Iola yn sydyn i'w wynebu.

"Mi roedd gen i ddigon o betha wedi'u trefnu, tan neithiwr."

Crychodd ei dalcen mewn penbleth.

"Y?"

"Ond dwi'm isio gneud yr un ohonyn nhw rŵan, a does gen i'm blydi clem be wnawn ni. Be sy gen ti ffansi?" Roedd ei gwefusau hi'n fain, fain a thinc od yn ei llais. Duw a ŵyr be oedd wedi'i chnoi hi fel hyn, ond roedd o'n ei nabod hi'n ddigon da i wybod nad oedd llais na llygaid na gwefusau fel'na'n normal, a doedd o ddim am gega efo hi fel hyn, fan hyn, felly ceisiodd enwi gweithgaredd fyddai'n debyg o'i phlesio.

"Ym, be am ryw chydig o siopa?"

"Siopa. Chdi?"

"Ia."

Ennyd o lygadu amheus.

"Iawn. Mae 'na lwyth o siopa dan do drwy fan'cw."

"Grêt. Awn ni 'ta?"

Crwydrodd y ddau o un ffenest i'r llall yn unsillafog. Camu'n ofalus wnâi o gan fod y gwefusau'n fain o hyd. Berwi y tu mewn wnâi hi ac ymdrechu'n galed i gadw'r cwbl dan gaead. Wedi cyrraedd math o groesffordd, a ffynnon yn rhaeadru dros goncrit yn y canol, stopiodd y ddau.

"Pa ffordd rŵan?" holodd Wyn.

"Di o'm bwys gen i, penderfyna di."

"Ti sy'n nabod y lle."

"Ti sy isio siopa."

"O'n i'n meddwl mai dyna fysat ti isio neud."

"Wel tydw i ddim. A mae hi braidd yn hwyr i feddwl fel'na rŵan, tydi?"

"Sut?"

"Gneud rhwbath er mwyn fy mhlesio i."

"Cer i ganu! Dw i'n gneud dim byd ond dy blesio di dragwyddol!"

"Ha! Pur anaml fyddi di'n fy mhlesio i go iawn, mêt."

Ennyd o ddeall yr ergyd.

"Iesu, ti'n gallu bod yn rial hen ast. Be uffar sy'n bod, y? Be ddiawl dw i 'di neud sy mor uffernol?"

"Dwyt ti ddim mor ddwl â hynna, Wyn."

"Mor ddwl â be?"

"Ti'n gneud hyn o hyd, 'dwyt, yn cogio dy fod ti heb ddallt er mwyn osgoi gorfod wynebu rhwbath ti'm yn licio."

"Ti'n ffycin mwydro."

"Ffycin mwydro o ddiawl. Roedd neithiwr yn bwysig i mi, Wyn. Mae'r bobl yna'n ffrindia i mi, ac ro'n i isio iddyn nhw dy licio di. Ond wnest ti'm hyd yn oed trio, naddo? Roeddat ti'n mynd ati i fod yn ddigywilydd, i droi dy drwyn ar bob dim oedd yn cael ei gynnig i ti. Does gen ti jest ddim parch at bobl, nagoes?"

"Paid â malu. Oedd y bwyd yn gachu – ddim 'y mai i ydi hynny!" Roedd hi'n crio, blydi hel, roedd hi'n crio fel babi a'i llais hi'n mynd yn uwch efo pob gair, a phawb yn sbio'n wirion arnyn nhw. Roedd arno isio ymddiheuro, ond châi o ddim cyffwrdd ynddi. Roedd hi fel melin wynt.

"Ro'n i wedi edrych ymlaen cymaint, wedi dy frolio di cymaint wrthyn nhw, a sbia be wnest ti! Dwyt ti prin wedi sbio ar neb ers i ti fod yma, ti wedi bod yn gocoen dan din hollol blydi embarasing, a dw i methu dallt be welais i ynot ti erioed. Mae'n rhaid 'mod i o 'ngho. A finna mor siŵr 'mod i mewn cariad efo chdi!"

"Iola…dod yma i dy weld di wnes i, ddim dy –"

Ond roedd hi wedi mynd. O hogan fawr, roedd hi'n dal i fedru shifftio. Doedd yna ddim golwg ohoni. Rhedodd ar ei hôl hi, wel, i'r un cyfeiriad, ond roedd hi wedi diflannu'n llwyr. Wedi taro'i ben i bob siop, a theimlo'n rial blydi ffŵl yn gwneud hynny, penderfynodd y byddai'n siŵr o ddod yn ei hôl wedi iddi gael amser i ddod ati ei hun. Aeth yn ôl at y ffynnon i aros. Roedd hi'n cymryd ei blydi amser. Be tasa hi'n cael damwain, car yn mynd drosti neu rwbath? Roedd o isio crio. Roedd 'na gaffi ar y gornel, a'r bara'n ogleuo'n fendigedig, ond doedd ganddo ddim pres. Roedd wedi mynnu fod Iola'n cario'i arian Ffrengig o'r diwrnod cyntaf. 'Doedd hi wedi hen arfer efo'r stwff? Ymbalfalodd yn ei boced a dod o hyd i ddarn arian siâp od. Tybed fyddai hyn yn ddigon am baned, o leiaf? Ceisiodd daro golwg ar y rhestr brisiau ond allai o ddim gwneud pen na chynffon ohoni. Roedd wedi ei hysgrifennu â llaw gan ryw wombat sgrifen ffansi. Aeth at y cownter a cheisio tynnu sylw rhywun yn fan'no.

"Oi, si fw plê. You. Ai. Coffi? This enough?" Daliodd y darn arian i'r dyn trwynsur gael gweld. Sbio'n wirion arno wnaeth hwnnw, ac ysgwyd ei ben efo *"Non"* ddirmygus a cheg fel twll tin iâr cyn troi'n ôl at sgleinio gwydrau.

"Stwffio chdi 'ta, y cocoen codwr crys uffarn."

Aeth i eistedd yn erbyn wal y ffynnon ac aros. Iola oedd honna fan'cw yn y gôt las 'na? Naci. Dynes mewn oed, un ddigon diolwg hefyd. O, ty'd laen, Iol, ble wyt ti? Mae'n ddrwg gen i. Doeddwn i ddim isio mynd am bryd efo dy ffrindia di, nago'n? Isio bod efo chdi o'n i. Dw i wedi bod hebddat ti ers misoedd, ac o'n i jest isio treulio drwy'r dydd bob dydd efo chdi. O'n i'n meddwl mai dyna fysat titha isio.

Roedd Iola wedi cyrraedd yr ail lawr ac yn gallu gweld hyn i gyd dros y balconi. Am eiliad, teimlai awydd cryf i ollwng un o'r potiau blodau ar ei ben. Tynnodd sigarét allan o'r pecyn a brynodd hi gynnau a'i danio. Fyddai hi byth yn smocio o'i flaen o. Wyddai o ddim ei bod hi'n smocio o gwbl. Syllodd arno drwy'r mwg. Edrychai mor bathetig a thrist a chwbl ar goll. Sylwodd arno'n codi ar flaenau ei draed i geisio cael cipolwg ohoni drwy'r dorf.

Fo o bawb, ac ynta dros ei chwe throedfedd. Allai hi ddim peidio gwenu. Roedd yn ymestyn ei wddw i'r pen, ac yn troi ei ben o ochr i ochr fel croes rhwng ceiliog a jiraff. Roedd 'na lwmp yn ei gwddf a phethau rhyfedd yn digwydd rywle yn nhop ei stumog. Âi i lawr ato cyn bo hir. Tynnodd yn araf ar y sigarét a gollwng y llwch i'r pot blodau.

Pan welodd hi'n cerdded yn araf tuag ato, rhedodd ati a'i chofleidio'n orffwyll, a'i chusanu am hir, hir. Pan wahanodd eu gwefusau, dechreuodd torf fechan o siopwyr oedd wedi aros i wenu arnynt, eu cymeradwyo.

"Wel, be oeddach chi'n ddisgwyl? Dw i'n Gymro mewn cariad. *Chanson d'amour* – I love her!"

Y noson honno, yn ôl yn y tŷ, wedi oriau o garu tanbaid nes i Suzanne weiddi arnynt i gadw llai o sŵn, cafodd y ddau frechdan wy wedi ffrio a photel o win.

Los Angeles Drws Nesa i Afallon

MARED LEWIS ROBERTS

TRAWODD EI BYSEDD chwara piano yn ddiamynedd ar y plastig du chwilboeth ar flaen y car. Roedd y traffig yn y dre 'ma'n gwaethygu, heb os nac oni bai. Tybiai Meriel petai'n dod allan yn y car am dri o'r gloch y bore hyd yn oed, y byddai'n canfod yr un lindys hir o geir yn synhwyro'n ddiamynedd wrth dinau'i gilydd.

Rhaid iddi wylio'i phwysedd gwaed, beth bynnag a wnâi, neu mi fyddai'r nyrsys bach tlws yn yr iwnifforms set ffilm yn twtwtio uwchben eu peirianna drud, a phapur wal chwaethus yn ffrâm i'w dirmyg. Heb sôn am beth ddywedai Lana wrthi.

O'r diwedd, llwyddodd Meriel i droi i'r chwith am Ralph's, archfarchnad enfawr a werthai bopeth ond organa dynol. Roedd y maes parcio'n orlawn, a'r gwres yn sgyrnygu'n wyn oddi ar y concrit. Los Angeles yn yr haf – pan oedd sglein y ddinas dinsel yn crino tua'i gorneli. Gyda thymheredd Dyffryn San Fernando dros 100 gradd Fahrenheit yng nghanol yr haf, roedd pawb oedd â'r modd i wneud hynny'n ffoi am y dwyrain, at y taleithia oerach, neu'n 'gwneud' Ewrop.

Ond doedd gan y mwyafrif o drigolion y Dyffryn mo'r

modd, fel y tystiai'r maes parcio yma heddiw. Mamau croen tywyll mewn hen ddillad yn tynnu plant o bob disgrifiad gerfydd eu sgrepana allan o geir mawr blinedig. Cwpwl o ddynion bach efo barfa fath â Rip Van Winkle yn ista fath â theiliwrs wrth gega'r siop, yn wardio o'r gwres efo darn mawr o gardbord yn deud 'Vietnam Vet. Hungry and homeless'.

Gwthiodd hen ddyn Hisbanaidd yr olwg drwyn llydan hen Ford Mustang i'r unig le parcio oedd ar ôl, a'r un roedd Meriel wedi bod yn disgwyl amdano. Tyngodd Meriel dan ei gwynt. Ond ofer oedd mynd i ben caets yn y gwres 'ma. Ac i be, eniwê? Disgwyl oedd hi, nid hen. Ymhen deufis, fydda hi'r un un yn union ag oedd hi amsar yma'r llynadd pan gyrhaeddodd, yn sefyll yn welw yn nerbynfa anferth LAX, ac yn methu coelio ei bod hi yma.

Cafodd le i barcio yn y diwedd, a diffoddodd y troellwr awyr iach. Bustachodd o'r car, a'i ffrog gotwm dena yn glynu wrth ei chorff. Daeth y gwres fel cletsh.

* * *

Roedd yn braf cyrraedd yn ôl i'r fflat fach, a chau'r drws ar bawb. Roedd gan Meriel awran go dda rŵan cyn byddai Gareth a Lana'n cyrraedd. Digon o amser i roi rhyw bryd bach ysgafn at ei gilydd, ac oeri'r poteli dŵr oedd wedi dechra berwi yng nghefn y car.

Doedd Lana ddim yn un arw am fwyta rhyw betha blasus – roedd ystadega siâp ei chorff yn llawer rhy bwysig i'w rhoi'n ysglyfaeth i gandis a phopcorn, medda hi wrth Meriel. Ac i be fasa rhywun yn stryffaglio i'w gwadnu hi am y *gym* efo'r merchaid ponitêl eraill os oedd rhywun am sglaffio pob math o rwtsh wedyn? "Ma'n bwysig cadw'n iach," medda hi, yn dynesu ati ac yn taenu llaw yn famol am fraich goch flonegog Meriel. "Yn enwedig i chdi yn dy gyflwr."

Roedd cegin y fflat a'i chefn at haul y pnawn. Cegin llawr isaf oedd hi, ac felly rhoddai'r goeden lemon oedd fel giard wrth fynedfa'r fflat gysgod braf iddi hefyd. Roedd Meriel yn byw a bod yn y stafell fach hon y dyddia yma.

Prynasai gyrtans newydd gingham coch a gwyn tebyg i'r rhai roedd hi wedi eu gweld ar y rhaglen deledu *Little House on the Prairie.* Pan fyddai'r cyrtans ynghau ryw adeg arbennig o'r pnawn, taflai'r goeden balmwydd fawr y tu allan ei chysgod pigog ar draws y deunydd tena. Roedd Meriel yn hoffi'r effaith, ac yn falch eto ei bod wedi gneud y penderfyniad i symud i Galiffornia.

Crogodd chwrligwgan o gregyn mân a brynasai yn Venice Beach o'r nenfwd. Fu jest iddi dorri ei choes wrth neud, drwy simsanu ar y gadair, ond chafodd neb wbod am hynny. Anwesai'r awel ysgafn gynnes y cregyn, a gneud iddyn nhw dincial yn hamddenol braf. Hen hwran gwallt coch ddrewllyd werthodd y cregyn iddi o stepan ei drws ar un o'r strydoedd bach cul, budur a arweiniai o gyfeddach glàm Venice Beach. Roedd ganddi datŵ draig Tsieineaidd ar ei braich, ar ôl hen gariad iddi medda hi – "Hen shinach brwnt". Chymerodd hi fawr o ddiddordeb wrth i Meriel grybwyll y Ddraig Gymreig, a gwridodd Meriel braidd a damio'i bod wedi dechra sôn. " 'Sa chdi'n gneud yn iawn yn fa'ma," meddai hi wrth Meriel. "Ca'l madal â'r lwmp 'na gynta."

"Lemons tu allan i'r ffenast!" sgwennodd ei mam mewn edmygedd mewn llythyr. "A nhwytha'n hen betha bach mor ddrud yn siop y pentra!" Rhyfadd bod coeden lemons yn medru ennyn y ffasiwn edmygedd mewn dynas mor gynnil ei chanmoliaeth.

* * *

Ymestynnodd Meriel am lysieuyn mawr du sgleiniog – "egg-plant" fyddai Lana'n ei alw fo, er, welsoch chi ddim byd mwy annhebyg i wy yn eich byw. Roedd Lana'n ymfalchïo wrth gyflwyno Meriel i ryfeddoda bywyd Califfornia. Ac wrth reswm, roedd hitha'n ddisgybl eiddgar, yn ysu am ga'l ymdoddi.

Pan agorodd Gareth a Lana'r drws iddi saith mis yn ôl, gwyddai eu bod wedi ca'l gafael ar y lle delfrydol iddi. Medrai ddeud nad oedd y lle'n plesio Lana, ond roedd honno wedi dechra laru mynd o gwmpas y fflatia oedd yn perthyn i ffrindia Gareth, a gweld fod rhai ohonyn nhw ar gyrion ardaloedd 'drwg', rhai eraill yn rhy uchel i Meriel orfod dringo atynt sawl gwaith y dydd, ambell un arall dipyn bach yn rhy neis…

"Kinda cute," meddai, gan sbio o'i chwmpas fath â 'sa hi'n sbio ar gwt ieir. Mae'n debyg fod pob tŷ fel cwt ieir pan fo ganddoch chi horwth o dŷ mawr gwyn, a gardd fydda'n cynnal Steddfod.

"Ti'n licio fo, Meriel?" gofynnodd Gareth yn ddistaw, a'i lygaid o'n llosgi arni.

"Lle grêt i ddysgu Cymraeg i'r Invisible Man," medda Meriel dan wenu.

Roedd Gareth wedi sbio arni fath â bwch, roedd Meriel yn cofio hynny'n glir. Wel, chwara teg. Doedd o prin yn ei nabod hi ar y pryd, nag oedd? Be wydda fo na fasa hi'n twyllo'r ddau ohonyn nhw, ac yn ei gwadnu hi am San Francisco ne waeth, yn gynt na fasach chi'n medru deud 'Green Card'?

Roedd y cytundeb wedi bod yn eitha clir, a chyfreithiwr sgwydda llydan, a gwên fel ffilm stâr, wedi gofyn i Meriel arwyddo dau gopi dan enwa Gareth a Lana. Roedd Meriel wedi ca'l ei chyflogi i ddysgu Cymraeg i Lana, ac i helpu glanhau'r horwth dair gwaith yr wythnos efo Celia, hogan fawr dew oedd yn byw yn un o'r tai mawr adfeiliol ar gyrion Stadiwm y Dodgers yn un o'r ardaloedd tlota. Ond dysgu Cymraeg fyddai prif orchwyl Meriel, meddai'r darn papur. Dysgu Cymraeg, ac felly cyflawni swyddogaeth fyddai Angelino fyth yn medru ei chyflawni.

Clwydda noeth.

Papura'n mynd 'nôl a blaen wedyn. Cafodd Meriel ymweliad hefyd gan ddau ddyn boldew o'r swyddfa INS – un yn ei chroesholi hi a Gareth am natur ei gwaith. Synhwyro o gwmpas y stafell wnaeth y llall, gan esgus fod yr holl broses yn ei ddiflasu'n llwyr. Actio. Un ddrama fawr wirion, a neb yn hidio llawer am y rhan oedd ganddyn nhw ynddi.

Daeth y rhif ar y gofrestr gymdeithasol wedyn; ac yna fflat yn ei henw hi, a'r gallu i agor cyfrif banc er mwyn i'r siecia bach rheolaidd nythu'n ddiogel. A disgwyl i'r cardyn gwyrdd hollbwysig lanio.

Twyll oedd o. Yn gyfreithiol. Ond fedra fo ddim bod yn ddrwg iawn, a Meriel a phawb yn gallu ei neud o mor hawdd, a gwên ar eu gwep.

"Ti'm 'di gneud hyn o'r blaen, naddo?" gofynnodd Gareth iddi unwaith. Roedd wrthi'n cau botyma ei grys yn hamddenol braf, a'r blew ar ei frest o'n euraid yn yr hollt tena o ola dydd drw'r cyrtans.

"Gneud be o'r blaen?" medda Meriel, a throi drosodd i edrych arno'n gellweirus.

Gwenodd Gareth ar ei waetha. Pasiodd sŵn seiran yn wyllt heibio iddyn nhw, a dechreuodd hen gi'r fflat drws nesa udo'n wylofus. Byddai Meriel yn gwrando arno yn nyfnder nos, a hwnnw'n udo fel petai'n udo am ei braidd rywla.

"Y busnas yma i gyd. Be ma' hogan neis 'tha chdi yn neud yn chwara rhyw gema efo awdurdoda gwlad ddiarth? 'Sa chdi'm 'di medru priodi athro bach Cymraeg yn rhywla, a byw'n hapus...?"

"A cha'l llond tŷ o blantos, ia?"

Diflannodd ei wên.

"Fedra i feddwl am betha gwaeth," meddai'n ddistaw.

"To'dd o'm digon da i chdi, nag oedd?"

Distawrwydd. Y distawrwydd prin, hyfryd hwnnw 'dach chi'n ei ga'l mewn dinas flêr, boeth, a gwynt anialwch yn sbecian yn y ffenast am eiliad ac yn ysgwyd y ffrâm yn slei bach. A'r byd i gyd yn dal ei wynt.

Edrychodd Meriel ar y ffordd y syrthiai gwallt Gareth dros ei lygad chwith, y ffordd y cnodd ei wefus ac yna troi i edrych arni, ei lygaid yn crwydro i fyny ac i lawr, i fyny ac i lawr...

" 'Nei di dad da, Gareth," meddai'n dyner ddistaw, ac awel yr anialwch yn hysio'r geiria i'w gyfeiriad.

"Ti'n meddwl?" medda fo ar unwaith, a dod i ista ar ymyl y gwely. Roedd ei lygaid o'n pefrio. Dywedodd Meriel y geiria wrtho eto, yn sibrwd poeth wrth iddi ddal ei ben rhwng ei bronna a mwytho ei wallt.

* * *

"Lemons tu allan i'r ffenast, 'chan." Cododd Meriel yr *egg-plant* mawr sgleiniog a thynnu ei bysedd ar hyd llyfnder y croen tywyll. Roedd yn anhygoel, yn ddiniwed o lyfn, ac yn feddal braf wrth iddi wasgu'r cnawd â'i bawd am ennyd. Caeodd cledr ei llaw amdano'n garuaidd.

Canodd y gloch a phlymiodd y gyllell yn braf i'w bys. Damiodd. Hen blydi arferiad annifyr oedd ganddyn nhw o landio'n rhy gynnar. Syniad Lana oedd o, mae'n siŵr, i drio'i dal hi'n sefyll ar ben bwrdd ar un goes a photal o wisgi yn ei haffla.

Sugnodd ei bys yn ffyrnig, ond yn rhy hwyr i atal dropyn o waed rhag syrthio a gneud siâp pabi coch ar wynder y lleuad crwn brau ar y plât o'i blaen.

"Meriel!"

Roedd Lana drosti mewn eiliad. Yn gwthio'r stribedi gwallt yn ôl o'i hwyneb, ac yn craffu ar y cylchoedd duon dan ei llygaid. Clywodd Meriel ei hun yn ateb fel robot:

"Na, dw i'm yn gneud gormod. Do, dw i wedi gorwadd lawr heddiw. Yndw, dw i'n cadw allan o'r gwres."

Fedra rhywun ddim peidio licio Lana. Roedd yr ysfa famol ynddi'n òd o anaddas rywsut, i'r ffigwr tal, glàm o'i blaen. Roedd ar Meriel ei hofn am ei bywyd pan aeth Gareth â hi i'w chyfarfod, yn swil fath â glaslanc yn dangos ei gariad cynta. Y pnawn ar ôl iddyn nhw gyfarfod oedd hynny. Cwta wsnos ar ôl iddi ymateb i'r hysbyseb amwys ddiddorol yna yn y *Drych*, papur Cymry Mericia.

Yn ddeugain oed, yn eurben a rhywiol, roedd bysedd Lana'n serennu, a'i dillad yn drewi o bres. Ac roedd y fath awdurdod yn ei llais wrth iddi holi Meriel, nes gneud iddi deimlo fel ei heglu hi'n ôl adra, i wyrddni coed sir Fôn a gwefusa tena digyfaddawd ei mam. Ond wrth i Lana fynd yn ei blaen i esbonio sut roedd hi'n methu ca'l plant, a bod ar Gareth isio plentyn bach Cymreig i'w fagu a'i garu, fedra Meriel ddim llai na thosturio wrth y ddau ohonyn nhw.

Seliwyd y fargen – y cytundeb – yn y fan a'r lle. 'Benthyg' oedd gair Lana. Benthyg ei chroth, a rhoi'r gofal gora iddi cyn geni'r babi. Ac wedi'r geni, byddai pawb yn hapus. Byddai gan Gareth a Lana fabi bach Cymreig newydd sbon danlli, a chyfarwyddiada ym mhlygiada ei glwt, a byddai Meriel yn ca'l y papura drwodd i ddeud ei bod yn ca'l aros i weithio i Lana a Gareth. I ddysgu Cymraeg mud i blentyn na welai ar ôl awr gynta ei eni.

Roedd Lana'n lledu ei breichia am y soffa fach liwgar yn fflat Meriel rŵan, a'i bysedd yn sgleinio o hyd yn yr hollt o oleuni a deithiai o'r llenni ac ar draws y stafell.

Eisteddai Gareth wrth ochr Meriel, ei goesa ar led yn gyfforddus, top ei grys ar agor, ei dei yn sgi-wiff. Roedd Gareth ar ei awr ginio, a'r hen Cabriolet to agored bach coch wedi ffendio'i ffordd unwaith eto at y fflat, at felodi'r cregyn yn yr awel.

"O'n i jest yn meddwl…" meddai Lana, a'i llygaid yn dawnsio fath â llygaid hogan bach. "Beth am i ni drefnu taith i'r Hollywood Bowl cyn geni'r babi? Ma'n lle braf, a gei di ddigon o awyr iach yn fan'no, a lle iawn i eistedd rhag i dy gefn di ddechra brifo. Be ti'n feddwl, Gar?"

Ymystwyriodd Gareth, fel petai ei feddwl o'n bell.

"Y…ia. Be ti'n ddeud, Meriel?" Roedd llygaid Gareth yn llosgi arni, yn treiddio, yn chwilio.

"O, 'dach chi'ch dau cynddrwg â'ch gilydd, y diawlad! Ma' 'na rwbath yn y gwaed, ma' raid. Sdim rhyfadd nad enillsoch chi Gymry mo'ch brwydra – rhy brysur yn trio trefnu pwy fasa'r cynta dros y lein!"

"A'th Lana i weld *Rob Roy* dair gwaith. Mae hi'n gwbod bob dim amdana ni Geltiaid, 'sti," medda Gareth, a chwarddodd Meriel efo fo.

Nid am y tro cynta, synhwyrodd Meriel fod Lana allan ohoni, a'i bod yn gwybod hynny hefyd. Roedd yn deimlad braf.

"Chwertha di faint fynni di. Fel hyn mae o 'rioed, Meriel. Lwcus mai fi nath y trefniada i'r ddau ohonach chi neud babis, ne yma fasa ni!"

Jôc fawr oedd hi. I fod. Trodd Meriel i ffwrdd. "Tasa ti'n gwbod, tasa ti'n gwbod!" medda'r gân fach yn ei phen.

Ac yn y pellter, roedd Lana'n llywio, yn rheoli eto.

"Achlysur i'w gofio...cyn i ti ga'l dy gorff yn ôl, a cha'l gweld cefna Gareth a fi!"

* * *

Roedd y *diner* bach yn brysur, a phobol yn ciwio'n llinell flêr, ddiamynedd wrth y drws. O'r diwedd, cafodd Meriel sêt gron fawr wrth y ffenast, a'r plastig coch 'Waltzers' Ffair Borth yn chwilboeth yn erbyn ei hysgwydd wrth iddi led-orwedd yn ôl i ddisgwyl Gareth.

Roedd y *diner* arbennig yma'n gybolfa o fiwsig a chlebran am bedair awr ar hugain. Byddai Meriel yn dod yma'n amal i synfyfyrio ar y byd, i wylio'r cyw actorion a ddôi yma i'w dangos eu hunain, a cheisio dal llygad cynhyrchydd. Roedd petha wedi symud ymlaen o ddyddia llyffanta ar groesffordd Hollywood & Vine yn y dauddegau. Rŵan roedd modd ca'l ista i lawr efo panad, neu ennill cildwrn wrth weini.

Roedd o'n hwyr. Bu'n rhaid i Meriel droi'r weinyddes

fach eiddgar i ffwrdd dair gwaith. Stwffiodd honno'r feiro yn ôl i boced dyfn ei brat dair gwaith, a'r wên wasanaeth-gar yn pylu fwyfwy bob tro. Roedd yn hawlio bwrdd, a'r criwia o bobol ffilm o Burbank yn tywallt i mewn i'r lle fel arian byw. Yn y diwadd, archebodd pretsel a phaned o de Seisnig, er mwyn ca'l mwy o hawl ar ei chornel fach hi o'r *diner*.

Daeth dyn moel ati, yn gwisgo crys amryliw oedd yn fwy o bersonoliaeth nag o. Gofynnodd iddi a fyddai hi'n meindio tasa fo'n ista ar yr un bwrdd â hi. Gwenodd hitha i ddechra, ac ystumio'n felodramatig, jest rhag ofn ei fod o'n rhywun go bwysig. Ond roedd yn bagio i gornel, a'r pen moel yn saim sgleiniog uwch dwy lygad ddisgwylgar.

Llwyddodd i weld cefn y crys lliwgar o'r diwedd. A hynny drwy ddefnyddio'r ddeuair unsillafog ffyddlon a weithiai bob tro. Falla'i fod o'n meddwl mai hwran oedd hi. Roedd hwran a hogan uchelgeisiol yn medru edrach 'run fath: yr un osgo, yr un tro yng nghornel eu gwên.

Troellodd Meriel yr hylif brown yn y gwpan yn drobwll. Roedd geiria Lana wedi ei tharo fel cletsh ddoe. Ffarwelio. Ffar-wel-io. Gair mewn ffilm. Gair ar blatfform stesion Bangor a'i mam a'i thad yn mynd yn bellach bellach oddi wrthi wrth i'r trên lusgo'n araf ddigyfaddawd at y twnnel cynta. Gair oedd ym mhlethiad dwy law yn gwasgu gwasgu cyn dechra rhwygo'n ara ara oddi wrth ei gilydd. Gair fath â cletsh ar draws ei hwyneb. Ffarwelio.

"Breuddwyd wyt ti!" fyddai ei mam yn arfar deud. A dyma'r freuddwyd yn deffro drwyddi bnawn ddoe, mewn fflat fach boeth, efo'r gola yn hollt y cyrtans yn ei rhannu'n ddwy.

Wedi esgor, wedi geni'r babi, rhaid ffarwelio. Roedd y

drefn yn glir, wedi ei chytuno ymlaen llaw. Byddai'n gollwng y bwndel bach cynnes o'i gafael, yn gollwng llaw fodrwyog Lana, ac yn rhwygo'n ara ara o law fawr Gareth.

Ac yna byddai Meriel yn camu allan ar y *sidewalk* ac yn dechra cerddad, a'r gwaed yn diferu'n nant igam-ogam i lawr ei choesa. Fyddai neb yn gwbod. Neb yn sylwi. Byddai'n osgoi'r Vietnam Vets yn eu gogoniant hirwalltog, yn camu dros y plant yn chwara cardia ar balmant poeth, pyg. Byddai hi'n ffigwr, yn un o'r rhai unig, prin yn cerddad o floc i floc, ar hyd palmentydd gwag, mewn dinas llawn ceir, a phobol er'ill ynddyn nhw.

Roedd yn rhaid iddi ga'l ei weld o. Edrychodd Meriel ar ei wats eto. Am un oedd wastad yn brydlon, roedd Gareth yn hwyr heddiw. Yn hwyr iawn, hefyd.

*   *   *

Arhosai'r Limousine mawr gwyn yn amyneddgar yn y fynwent daclus, ei drwyn llydan yn urddasol dan ymbarél y goeden fawr.

Safai'r casgliad bach o bobol fel brain o gwmpas yr hollt hirsgwar, twt yn y ddaear. O lle y safai o dan y goeden, gallai Meriel weld corff lluniaidd Lana yn dalog ar lan y bedd, yn pwyso yn erbyn dynas smart arall. O gornel ei llygaid, gwelai glympia er'ill o alarwyr fel mwyar duon hwnt ac yma, mewn galar o sgript 'run fath, a'r torrwrs beddi'n bustachu yng ngwres canol dydd.

Trodd ei sylw yn ôl at y criw cynta. Roedd y gweinidog wrthi'n llefaru yn Gymraeg, a hyd yn oed o lle y safai Meriel, trawai'r iaith yn stiff ac anhyblyg, wedi ca'l ei gymryd o focs, yn llwch i gyd. Hofrai'r geiria ar wres yr awel am ennyd cyn ymsuddo'n ôl i mewn i laswellt gwyrdd, plastig y fynwent.

Agorodd drws y Limo â chlinc drud, a daeth y *chauffeur* allan, gan danio sigarét yn ddeheuig efo'i law dde, a smwddio blaen ei siwt efo'i law chwith. Craffodd i fyny at yr awyr las braf, fel 'tai o'n chwilio am gwmwl. Glaniodd ei lygaid arni hi o'r diwedd, a daeth draw ati'n llyfn, a sefyll dan y goeden.

"Ya knew the guy?" medda fo, a'i het yn amneidio tuag at y côr adrodd.

Ysgydwodd Meriel ei phen.

Tynnodd y dyn ar ei sigarét, a'i blaen yn gynnwrf coch crwn am eiliad. Craffodd arni a'i lygaid wedi eu hanner cau. Ddywedodd o ddim byd am funud. Gwyddai Meriel nad oedd yn ei choelio.

"O Loegr oedd o'n dŵad, dw i'n meddwl," meddai o'r diwedd. "Garry. 'Di gneud yn dda – priodi Lana Mackenzie, y cynhyrchydd. Ti'n nabod hi?"

Nag oedd. Yn nabod dim arni.

Cododd canu bloesg o gyfeiriad y bedd, ac emyn Cymraeg yn ei morio hi tuag atyn nhw.

"O'dd gynno fo bob dim."

"Oedd?"

"Bob dim 'sa chdi isio. Tŷ mawr yn Brentwood. Busnas *real estate* mawr. Gwraig fath â Lana Mackenzie…A rŵan hyn." Tynnodd y *chauffeur* ei gap. Tynnodd ei fysedd drwy ei wallt fath â ffilm stâr, cyn sodro'i gap yn ôl ar ei ben yn llanc.

"A rŵan hyn," medda Meriel yn ddistaw.

"Trawiad gafodd o…" meddai'r gyrrwr gydag awdurdod. "Anodd deall petha."

Daeth chwa o awel o rywla, a sibrwd yn daer yn nail y goeden fawr.

"Yndi," medda Meriel. "Ma' hi'n anodd deall petha."

Ac wrth ddeud, roedd hi'n siŵr iddi deimlo'r Cymro bach yn stwyrian y tu mewn iddi.

O Fan Hyn

ANGHARAD PRICE

DYNES DRWS NESA roes wybod imi. Hi yn anad neb a'm darbwyllodd i gefnu ar dri pheth, sef y swydd mewn banc mawr yn Llundain; fy nghariad a'm cydweithiwr, George; a phob oferedd arall. Wedi'r cyfan, fe'm galwyd yn ôl i'r pentref gan gynhebrwng Taid, ynghyd â'r angen am roi trefn ar ei eiddo a chadw neu werthu'r tŷ teras, Gorffwysfa. Pentref dirodres, agos-atoch ydoedd rhwng Eryri a'r môr, a'r boblogaeth, gydag ambell eithriad, yn ffeind ac ymholgar, weithiau'n swil. Roedd yno siop, dwy garej betrol – safai'r pentref ar lôn rhwng dau le mwy – tri chapel ac un ysgol gynradd o'r bedwaredd ganrif ar bymtheg. Bob hyn a hyn ailagorid y siop sglodion nes y diflasem ar datws a saim eto.

Enw Hebraeg oedd i'r pentref, sef Bethlehem, ac yno y'm magwyd dan guwch Taid a chymdogion ar bob tu. Meistri'r chwarel lechi a'i cododd pan oedd honno yn ei bri. Bychan o chwarelwyr oedd yn dal yn fyw; rhai wedi marw o henaint, a'r rhelyw o'r llwch. Nid chwarelwyr oedd tad mwyafrif plant y pentref bellach, na'm taid innau chwaith. Er, buom, fel y bu'r Tywysog Siarl ei hun, yn yr amgueddfa yn dysgu am grefft ffrwydro, hollti a llwytho'r

46

garreg las. Cerddasom unwaith hyd trac yr hen drên llech at afon Menai; dysgasom gerdd 'Yr Hen Chwarelwr' i'w chydadrodd yn yr eisteddfod flynyddol; aem i'r ysgol Sul i ddiolch ac i weddïo dros rai llai ffodus, ac ar drip i'r Rhyl yng Ngorffennaf.

Un ymddiheurol oedd y teras; pitw, eithr nid o ddewis, ac yn gwybod hynny. Swatiai gefn-gefn â theras hwy, ac yn groes-gongl i'r capel Methodus. Ymdeimlai â'i ddinodedd bob dydd fel y gwnâi'r trigolion hefyd. Gwargrymem wrth fynd trwy ddrws y tŷ a chyrcydem wrth chwilio am olau'r awyr trwy'r ffenest.

Tŷ mwy ar y gornel oedd y siop. Cadwai'r perchennog – gwraig gydnerth, ond un a weithiai wrth ei phwysau – golomendy gerllaw. Cystadleuai â'r rhain; aent i'r rasys bnawn Sadwrn ac roedd eu cogor yn uwch na'i sŵn hi'n clebran y tu mewn i'r siop. Weithiau byddai'r plant yn tindroi ac yn tynnu ar yr adar – o ran myrraeth – ar eu ffordd rownd y pentref. Arhosfan arall oedd y caban teleffon ar y lôn fawr lle cenid y ffôn yn nhai ei gilydd heb roi pres. Dipyn bach o hwyl oedd hyn gyda'r nos. Hynny mewn pentref oedd, fel arall, yn ddi-lol a di-sôn-amdano'i-hun.

Dwy lofft oedd yng Ngorffwysfa: un i mi ac un i'm taid. Gwag oedd y gwely yn y ddwy bellach, a fo yn ei arch yn un yn disgwyl am gael mynd i fynwent Llanddeiniolen i orffwys. Oglau dyn lenwai'r tŷ erbyn hyn, nid oglau teulu. Annhebyg oedd hi y byddwn yn cadw Gorffwysfa. Rhyfedd; meini a morter hwn oedd f'unig berthynas â'r hen fro mwyach. Pwy oedd y bobl i mi?

"Aeth dy daid i ffwrdd o fan hyn er mwyn profi uchel ac iselfannau'r enaid."

Rhusiodd dynes drws nesa y frawddeg hon a barodd chwithdod mawr iddi. Tremiodd arnaf. Am y tro cyntaf, a Gorffwysfa rŵan heb fod yn echel i'r byd, sylwais arni fel dynes heb gyfeiriad. Wrth adael libart y drws nesa daeth yn ddiarth ac yn ddiriaeth yr un pryd. Llwyd oedd ei llygaid, sef lliw a anwylai bob gwrthrych; roedd ei chroen yn glaer anghyffredin. Llonyddwch diwedd gornest oedd o'i chwmpas a hwnnw'n ymylu ar fod yn llonyddwch bedd. Gwraig brydweddol, ond ni phriodasai erioed. Yn awr, chwiliai am gydnabyddiaeth am hyn o eiriau.

"Emynydd oedd o," fe'i sicrheais hi.

"Emynydd a salmydd oedd o ond a'i fryd ar fod yn fardd. Bu'n crwydro mynyddoedd Eryri yn ei laslencyndod ond welodd o erioed mo'u honglau, dim ond clywed odl ym mhob atsain."

Amneidiais yn araf a chadarnhau:

"Eco'r Wyddfa."

"Ia. Ymadawodd â phobl yr Wyddfa i chwilio am wawriau eraill heblaw glas. Tröedig o beth oedd torri cortyn y bogail felly a mynd; nid âi pobl o fan hyn bryd hynny, ond yn hytrach aros yn yr unfan."

"Ac felly mae hi heddiw."

"Waeth be ddwedi di, del, roedd ers talwm yn wahanol!" ffyrnigodd dynes drws nesa, a pheidiodd sbio i fyw fy llygaid gan symud ei phen, yn hytrach, a'i osod ar sgiw i drio gweld yr awyr y tu hwnt i'r llechi. "Wyddost ti ddim am ddim byd cyn d'eni."

Dicter rhwydd a byrhoedlog fu eiddo dynes drws nesa erioed. Cenfigennai lliaws fan hyn wrthi. Beryg yr âi i'w ganlyn rŵan, felly dyma ddirwyn ei geiriau'n ôl at y stori drwy ddweud:

"Glas ydi lliw'r nefoedd, yntê, ond nad oedd gan Taid ddim i'w gymharu ag o fan hyn rhwng Eryri a'r môr. Sbectrwm o las."

"Ti wedi'i dallt hi, fy merch."

Mwythodd yr aer yn y bwlch rhyngom ag ystum ei llaw. Daliai frws paent yn y llaw oedd yn maeddu llun ar yr aer. Ac erbyn meddwl, diau fod natur remp yr artist yn perthyn i ddynes drws nesa. Yn wrol a gwych ei hosgo, strempiai eglurebau rhwng ein trem ein dwy. Defnyddio geiriau wedyn i goredu; sef stopio'r dyfrliwiau rhag rhedeg i'w gilydd:

"Cydwybod triphlyg oedd eiddo dy daid gydol ei fywyd; cydwybod piwritan o fardd o Gymro. Aeth o fan hyn, Bethlehem, er mwyn colli arno'i hun. Aeth o ddim â'i grefydd na'i Gymraeg gydag o. Dim ond un alwedigaeth, sef bod yn fardd, a honno oedd yn pontio rhwng y ddau le, sef fan'cw a fan hyn."

"Lle'r aeth o felly?"

"Daeth i Dwsgani…"

Ia, 'daeth' ddwedodd dynes drws nesa, gallwn daeru; ond pan ailadroddodd y gair wedyn roedd y 'd' wedi mynd.

"Aeth dy daid i Dwsgani a chafodd nenfwd lapis-laswli ein cadeirlannau a'r sêr aur hyd-ddynt yn llonydd a chymesur. Bodiodd fron rydd Morwyni Mair y Llaeth; torrodd ei fys ar gorff eu baban yn bwydo a theimlo'r llaw fach yn cydio'n dynn yn ei law ac yn ei galon. Canfu gelfyddyd y pileri marmor du a gwyn yn mynd i fyny'n llorweddol yn eglwysi Lucca a Siena. Synnodd at sbectrwm paent Giotto a Masaccio yn mynegi mwy na nhw'u hunain; sylwodd ar boen a bodlonrwydd trio mynd tu hwnt a blysiodd drio hynny ei hun. Roedd cariad diamod Ffransis o Assisi at bob creadur byw yn rhyddhad iddo. Tremiodd proffwydi Donatello yn hyll arno yn Fflorens a'i herio i ymateb. Dringodd i ben crymdo coch Brunelleschi a dirgelwch yr ais a'r gwaith brics yn peri pendro. Yn y fedyddfa wythochrog gwelodd y diafol yn llowcio pechaduriaid fel ni. Roedd hynny wrth ei fodd; cosb gorfforol a ffwr'-â-hi, nid un a dywyllai'r gorwel.

"Mewn damhegion siaradai'r hogia a'r genod ar y stryd mewn sbectolau tywyll ac roedd lliw y tu cefn i'r rhain ac ar eu hwynebau wrth iddyn nhw actio yn y ddrama fawr."

Oedodd dynes drws nesa. Sychodd y poer yng nghil ei cheg â'i bawd a'i bys; llyncodd y poer yn ei cheg.

"Ymollyngodd dy daid. Sugnodd eirin ac olewydd y perllannau llawn a suddo yn y caeau. Blas gwyrdd pêr oedd yn ei geg ac yn sawrus ar y diwedd; blas cyfarwydd i'r neb a fu'n byw yn Nhwsgani. Canfu hefyd gelfyddyd gwin coch gwinllannoedd Montalcino a drachtiodd yn ddwfn ohonynt."

Ond llwyrymwrthodwr fuasai Taid erioed. Gwgai ar yfwyr selog ein pentref. O'u clywed yn canu 'Calon Lân' ac emynau eraill heibio tŷ ni ar nos Sadwrn neu nos Sadwrn fach, drachtiai yn ddwfn o'i de a thynhau'i ddwrn am glust y gwpan.

"Maddeuwch imi, ond er mor ddifyr ydi'ch stori chi mae'n ddyletswydd arna i i ymyrryd. Doedd Taid ddim yn yfwr. Stopiwch eich stori g'lwyddog rŵan cyn ichi 'mhechu fi!"

Fe'm cythruddwyd ganddi, hi a'i chlecs. Rêl pobl fan hyn. Ond i liniaru peth ar y ffrae ac i ddwyn perswâd ar ddynes drws nesa oedd yn od o lonydd ychwanegais:

"Hynny ydi, does gen i ddim cof i Taid yfed y ddiod

gadarn erioed. A siŵr ddyn, does gen i ddim cof i chi ei weld o'n gwneud hynny. Fedrwch chi mo 'meio i am fod eisiau achub ei gam o, a fo ddim yma."

"Ga i fynd ymlaen â'r stori?"

"Ar bob cyfri."

Ac yn dilyn hyn, parhau â'i stori wnaeth dynes drws nesa. Ymlonyddais, a phwyso'n ôl ar gefn y gadair. Clustfeinio hefyd am unrhyw sŵn o'r llofft lle'r oedd yr arch.

"Drachtiodd yn ddwfn o win gorau Montalcino cyn dy eni di, a'i syched yn un nas gallai neb ei ddiwallu. Minlliw gwin Brunello oedd minlliw dy daid y dyddiau hynny; staeniwyd ei ddannedd yn lliw llechen las, a'i dafod hefyd; roedd brychni coch yn gymysg â brychni haul dros ei drwyn. Y coch 'run lliw â llif gwaed a garai; ni flysiai wirodydd di-liw y Grappa.

"Dyn hardd oedd dy daid, fel y dwedais, a'i fryd ar fod yn fardd ac arbrofi eithafion lliw a sŵn. Hen gena llawn swyn a haen o ddiymadferthedd drosto. Gwyddai pryd i chwerthin a phryd i bwdu. Soniai'n slei am ei ddiniweidrwydd ei hun. Plygai at y genod a'u bodio. Plygai'r genod ato fo a'i foddhau. Dysgodd grefft caru pan aeth o fan hyn i'r Eidal."

Pan dawodd dynes drws nesa o'r diwedd, hongiai'r lliwiau yn yr aer o hyd. Llanwent ein tŷ, sef Gorffwysfa, a dannod eu bodolaeth dros y waliau plaen. Syrthient yn dalpiau dros silff lyfrau Taid; diferyd wedyn dros y cloriau a ffurfio'n bwll ar y llawr cyn i'r carped eu sychu.

Gwylltiais â dynes drws nesa oherwydd y llanast roedd hi'n ei greu. Y gwir amdani oedd bod y stori'n gyfarwydd. Fy stori i oedd hi.

"Rhag eich cywilydd chi'n difrïo Taid fel hyn. Be wyddoch chi amdano mwy na finnau?"

"Be ŵyr neb am neb?" arthiodd hithau.

"Mi ŵyr pawb bopeth am bawb yn fan hyn."

"Felly maen nhw'n brolio."

"A dim byd yr un pryd," cydsyniais ar fy ngwaethaf, achos dwy debyg oedd dynes drws nesa a fi yn y bôn. "Ac os aeth Taid o fan hyn, prin y buasai eco'r Wyddfa wedi medru adleisio dim arno heb sôn am sôn amdano. Ond soniodd o ddim byd wrthyf innau chwaith am hyn i gyd. Peth rhyfedd a ninnau mor agos-atom."

Edliw oedd hyn.

"Diwrnod crasboeth oedd hi!" ymyrrodd hi; anodd oedd peidio'i hedmygu am beidio ffromi.

Dyna hi wrthi eto efo'r brws blew bras yn dangos mor wag oedd y bwlch rhyngom wrth ei lenwi â lliw: streipen dew binc yn fan hyn dan y lamp; cylch melyngoch fel canol wy, fel haul ar y gorwel oedd rhwng ein trem ein dwy; talp o liw du yn hofran o flaen cloc Taid; rhuddem pedrochr yn hongian dan ei chlust dde fel clustdlws. Tynnodd siâp wy yn fedrus mewn aur a'i bwnio ymaith efo coes y brws; yn y man, daeth i sefyll o flaen hoff baentiad Taid, sef hwnnw o hen wraig Salem a'r diafol ar ei siôl. Câi dynes drws nesa hwyl wrth beintio a dechreuodd chwerthin. Aeth ei hwyneb yn rhychau drosto a'i llonni drwyddi.

Cartrefol oedd y lliwiau. Erbyn meddwl, brafiach oedd eu cael yno yn lliwio Gorffwysfa na pheidio'u cael. Byw oedden nhw, er eu bod yn creu llanast hyd y tŷ a'r dodrefn. Llanwent y lle. Iawn i ddynes drws nesa gael ei hwyl hi. Peidiais innau â ffromi hefyd.

"Stori arall ydi hon?"

"Gogwydd arall ar yr un hen stori. Perthyn iti dewi a gwrando, hogan bach," dwrdiodd dynes drws nesa. "Diwrnod crasboeth oedd hi ger pentref Montalcino a lleiandy Sant Antimo'n crasu yn y poethder.

"Roedd dy daid ar fin nychu eisiau bwyd a diod ond bod ei bres wedi darfod. Gwyddai o'r gorau mai ffordd rad o gael ei ddiwallu oedd mynd i'r lleiandy i ofyn am fwyd a llyn. Yn anfoddog yr aeth o oherwydd ei falchder. Roedd stad ddrwg arno pan gyrhaeddodd y drws; yn llesg ac yn dioddef cur gormod o win; roedd ei wefusau wedi hollti yn y sychdwr. Aethpwyd â fo i wely a thendiwyd arno am ddeuddydd neu ella dri; fedra i ddim bod yn siŵr. Dyn del oedd dy daid. Roedd lleianod gwyn Sant Antimo'n ei garu'n ddistaw bach. Pwy fedrai beidio? Roedd yntau wrth ei fodd.

"Addawodd eu hanfarwoli yn ei farddoniaeth, ond bod yn ffuantus oedd o. Iddyn nhw, Duw yn unig a anfarwolai, ond bod ganddo rai'n gweithio erddo ar y Ddaear; beirdd yn aml, ac artistiaid eraill. Roedd hyn wrth fodd dy daid hefyd. Yn anfoddog y daeth ato'i hun.

"Bwytai o dan ffreutur y lleianod, ar ei ben ei hun mewn stafell oer, a ffenest yn honno'n dangos gogoniant melyn a gwyrdd tywyll Twsgani y tu allan, dim ond iddo wargrymu i weld trwyddi. Fe'i hysgymunwyd ar sail ei ryw, sef ei fod yn ddyn. Aeth biti drosto'i hun dipyn bach.

"Merch o'r pentref, nid lleian, a weinai arno amser bwyd. Del oedd hithau hefyd ac ifanc iawn. Gwyddai'r ddau'n syth eu bod yn anelu tua'r un lle.

"Ond dim ond yn raddol y daethant yn nes; hi'n ochelgar o'r tramorwr a'i acenion od – roedd sôn nad Sais mohono eithr un mwy hyrddiol ei natur – fo'n chwarae'n ara deg, ofn dymchwelyd. Ofnai'r iselfannau hefyd ar ôl iddi fynd adref, pan driai gysgu i gryfhau. Fesul tipyn aethant ati i ymgyfarwyddo yn y stafell oer; cynhesu wrth ddod at ei gilydd a hi'n cario'r dysglau at y bwrdd pren a chostrel fin nos o win Sant Antimo. Ugain munud a gaent; mud i fod. Mud oeddynt i ddechrau hefyd.

"Tybiai dy daid mai santes a weinai arno; angyles o leiaf. Serennai yn y stafell led-dywyll, yn enwedig fin nos, fel petai wedi'i goreuro gan y machlud. Câi foddhad o edrych ar amlinau ei hwyneb a gweld ynddynt, er chwithdod iddo, amliniau'r Forwyn Fair, a'i gwefus yn llawn a thynn a lliw gwin lliw rhosyn. Cofiai am gromen ei chlun ar ôl iddi fynd. Disglair a gwelw oedd croen y dieithryn. Llydan oedd ei ysgwyddau hefyd a'i grimog a'i glun yn hir a solet. Un talgryf oedd o drwyddo draw ac yn debycach i gerfluniau marmor oriel yr Accademia na'r hogiau lleol.

"Cydwenent cyn dechrau sgwrs; cyd-dremio am amrantiad a theimlo'u hunain yn poethi. Roedd siarad yn rhyddhad wedyn, y geiriau'n dargludo'r gwres allan o'u cyrff i ymgolli yn y tirlun; hwnnw wedi hen arfer. Sgwrsio am bethau bob dydd i ddechrau; fo'n ei holi hi gan amlaf rhag iddi holi am fan hyn. Hithau'n dod i wybod cryn dipyn yn ddiarwybod iddo. Dim ond sylwi ar y bylchau yn y sgwrs oedd raid; sbio ar ei gorff yn cyfathrebu pan siaradai, pan fwytai, a phennaf oll pan dawai. Bob yn dipyn, daeth i sefyll yn nes ato. Derbyn peth ganddo weithiau er bod hynny wedi'i wahardd gan yr Uchel Fam. Pigo wnâi yntau ar ei fwyd bellach; diau bod yr holl weddillion âi yn ôl at y gegin – heb sôn am warged y gwin –

wedi peri i rai godi ael. Aeliau du oedd gan Anna, a sgwd
o wallt tywyll wedi'i dynnu'n ôl yn ystod oriau gwaith.

"Doedd dim dad-wneud. Fodd bynnag, gochelgar oedd
y ddau o hyd; byth wedi cyd-gyffwrdd. Roedd hwn yn od
o ymataliol. Hi'n rhy hardd. Ofnai dy daid aflywodraethu,
a'i fryd ar ddychwelyd i fan hyn rywbryd. Onid barddon-
iaeth oedd ei gariad cyntaf?

"Ond plygodd Anna drosto un dydd a'i chorff mor llyfn
â chryman. Amser cynaeafu oedd hi hefyd. Gafaelodd yn
ei law. Sioc oedd y cyffwrdd. Dorodd yntau ei law am un
o'i bronnau a theimlo'r meddalwch, cynhesach na
bronnau marmor y delwau. Cusanodd y ddau; nhw oedd
ar echel y byd a phob dim yn mynd a dŵad..."

Tawodd dynes drws nesa yn ddisymwth. Codais innau
fy mhen i edrych arni. Rhewais wrth ei gweld yn ebychu'n
uchel:

"Aaaaaa..."

A gweld fy hun ynddi.

Toc, aeth ymlaen pan ddaeth ei llais yn ôl ond doeddwn
i ddim yn gwrando mor astud bellach.

"Ymhen amser daeth dy dad yn ôl i fan hyn a chdi gydag
o..."

"Be ddwedsoch chi?" rhusiais.

"Ymhen amser daeth dy daid yn ôl i fan hyn a chdi
gydag o yn fabi. Yn fuan wedyn y symudais i drws nesa.
Yn fan hyn y'th magwyd di ganddo fo. Yng Ngorffwysfa
ac ym Methlehem y profodd o isel ac uchelfannau'r enaid
fwyaf. Efo ti. Ddaeth y geiriau ddim erioed i ddargludo'r
gwres allan o'i gorff, ddaethon nhw ddim i gario gwres i
mewn chwaith, ond be oedd gan y tirlun glas yn fan hyn
i'w gynnig ond rhywbeth, caled, oer? Anghofiodd bopeth

ond am dy fagu di er mwyn lleddfu deuparth ei gydwybod triphlyg. Hynny o farddoniaeth greodd o oedd yr hwiangerddi a ganai i ti. Roedd ei stori'n dew hyd y lle; gochelodd dy glustiau di dros y blynyddoedd; fe'th gwpanodd yn ei law yn dyner fel y cwpanodd ei law am fron Anna ei gariad."

"Stopiwch eich stori! Rydw i'n gwallgofi!"

Tawodd dynes drws nesa. Roedd ei llais yn gryg, beth bynnag, a'r geiriau'n methu dal yn ôl y lliwiau oedd yn llosgi ac yn fferru dros yr ymylon. Llifent i'w gilydd a pheri merddwr lliw rhwd.

Ond cyn iddi fynd yn esgymun eto i'w libart ei hun drws nesa roedd gen i un cwestiwn i'w ofyn, sef hwn na pharodd lawer o chwithdod iddi:

"Pam na phriodsoch chi erioed?"

"Rydw i wedi bod trwy gariad ac wedi dod allan yr ochr arall. Pam priodi wedyn, heblaw...?"

"Heblaw be?"

"Heblaw er mwyn cael plant."

Taflodd ei phen yn ôl a thremio arnaf yn wastad a thasgu o'r neilltu y lliwiau oedd yn llanast rhyngom.

"Wela i chi fory yng nghynhebrwng Taid."

"Gawn ni'n dwy sefyll agosaf ato gan mai felly y bu hi yn ei fywyd o hefyd. Er iti fyw yn Llundain a finnau drws nesa ers talm."

Daeth y syniad i'm pen y gallwn redeg ar ei hôl a thrywanu dynes drws nesa yn ei chalon â choes y brws paent. Ond diystyrais hynny ymhen llai nag eiliad. Gwyrth na ddatgelodd pobl ffeind ac ymholgar fan hyn ddim byd ar hyd yr adeg. Hwyrach i'r colomennod ar ben y stryd gogor yn ddigon uchel bob tro.

Fel petai'n darllen fy meddwl, trodd dynes drws nesa yn ôl a gweiddi o'i libart ei hun:

"Gwyrth o beth oedd i'th dad fynd o fan hyn a dod i Dwsgani. Cofia di hynny! A fi oedd agosaf ato hefyd, nid ti."

* * *

Heb werthu'r tŷ teras, dychwelyd i fan hyn wnes innau i gywiro cofion. Roedd Gorffwysfa'n ymddiheurol. Weithiau byddaf yn bwyta sglodion. O bryd i'w gilydd byddaf yn anfon epistolau at fy ffrindiau o'r post ger y siop ar y gornel; at George gan amlaf yn Llundain. Dipyn bach o hwyl yw hyn gyda'r nos.

Byddaf yn fy nghynnal fy hun wrth beintio lluniau lliw ar ddarnau o hen lechi. Weithiau dyfyniadau o salmau neu gwpledi o farddoniaeth salmyddion a beirdd y fro a phatrymau lliw o'u cwmpas. Cânt eu gwerthu i ymwelwyr yn yr amgueddfa yn Llanberis fel cofroddion. O bryd i'w gilydd byddaf yn maeddu lliwiau hyd y tŷ.

A' i ddim o fan hyn i grwydro eto nes i ddynes drws nesa farw; onid oes gen i gyfrifoldeb tuag ati? Mae'n gwestiwn a af i wedyn. Oni fydd raid i minnau fod yn ddynes drws nesa i rai eraill? A pheth arall, fel y dangosodd hi imi yn anad neb, digon hawdd ydi colli arnoch eich hun yn fan hyn. Dynes drws nesa a'm dysgodd i beintio cuddliwiau hyd y tŷ teras a throsof fy hun. Trois yn las yn fan hyn. Tu mewn imi mae coch gwinllannoedd Montalcino yn dal i lifo.

Gorau Arf?

ELERI LLEWELYN MORRIS A RUTH TAYLOR

HOFEL OEDD CARTREF Ramesh Lal. Lle mwll a llwm heb ddim ond un llun llachar o'r duw Vishnu a'i wyth braich yn addurno ei waliau mwd. Aml i fore, ar ôl deffro, fe deimlai Ramesh fel pe bai'r duw wedi llithro o'r llun i'r gwely yn ystod y nos, oherwydd lle bynnag roedd o'n troi yr oedd breichiau, breichiau, breichiau. Braich ar draws ei wddw. Braich ar draws ei frest. Braich ar draws ei fol. Breichiau ei frodyr oedden nhw, wrth gwrs. Yr oedd hi'n amhosib iddo fedru cadw o'u ffordd pan fo'r pedwar ohonyn nhw'n rhannu un gwely bach.

Nid bod Ramesh yn cwyno. Yn wir, ystyriai ei hun yn lwcus. Doedd gan ei fam a'i dad a'i dair chwaer ddim gwely yn y byd. Cysgai'r pump ohonyn nhw yn stafell arall yr hofel, wedi cyrlio fel cathod ar y llawr o gwmpas yr aelwyd agored lle byddai'r merched yn paratoi'r prydau bwyd. Reis, *chapattis*, *dhal*. Reis, *chapattis*, *dhal*. Reis, *chapattis*, *dhal*. Yr un peth bob dydd.

Pan ddeffrodd Ramesh y bore hwn, fe deimlai'r diwrnod yn union fel pob diwrnod arall. Roedd penelin un o'i frodyr yn bigyn yn ei asennau, a choesau brawd arall wedi'u delltu'n daclus, fel coed mewn trelis, rhwng ei goesau ef.

Yn araf dechreuodd symud i'w ryddhau ei hun a gweu ei ffordd at yr erchwyn. Doedd dim dillad ar y gwely; doedd dim o'u hangen. Roedd yr aer ei hun fel cynfas – yn gynnes ac yn glòs gyda gwaddod hen wres ddoe.

Wrth iddo'i chychwyn hi am y tap dŵr cymunedol yng nghanol y slymiau, cofiodd Ramesh yn sydyn am rywbeth, a throdd yn ei ôl gyda gwên. Aeth yn ei gwrcwd ger y gwely ac ymbalfalu oddi tano am eiliad nes dod o hyd i dun bach rhydlyd yn cynnwys slentan denau o sebon. Fyddai gan Ramesh ddim sebon fel arfer ond, ddoe, roedd rhywun wedi gadael y pishyn bach pinc yma wrth ymyl y tap cymunedol ac roedd yntau wedi'i fachu'n syth.

Y bore hwn, pan gyrhaeddodd y tap, roedd tri dyn yn ciwio. Safodd Ramesh yn droednoeth ar y ddaear fwdlyd i aros ei dro.

"Yli, Jarab," meddai'r dyn o'i flaen yn y ciw dan ei wynt wrth y dyn o'i flaen yntau, "mae lwmpyn Badri wedi tyfu eto."

"Hy!" atebodd Jarab. "Mae o'n gneud arian bach del iawn ohono fo beth bynnag. Wyddost ti faint wnaeth o ddoe? 30 rwpî. Ia wir i ti: 30 rwpî. Mi fuodd o'n ista drwy'r dydd ar gornel Pahar Ganj ac roedd gynno fo 30 rwpî yn 'i dun yn dŵad adra. Ro'n i ychydig yn is i lawr y stryd a dim on 6 rwpî ges i!"

Edrychodd Ramesh ar y dyn a oedd wrthi'n ymolchi. Oedd, sylwodd, roedd y tyfiant yn ei stumog wedi mynd gryn dipyn yn fwy. Ond o leiaf roedd Badri'n medru ei ddefnyddio i ennill bywoliaeth a chodi rhywfaint ar ei safon byw – cyn iddo'i ladd.

O'r diwedd daeth tro Ramesh i ddefnyddio'r tap. Yr oedd wedi tynnu ei siwt *kurta* garpiog yn barod, a chamodd ymlaen i ymolchi mewn trowsus cwta cotwm a fu unwaith yn gyfan ac yn las. Llanwodd ei dun bach rhydlyd sawl gwaith a thollti'r dŵr llugoer drosto'i hun. Yna gafaelodd yn dynn yn y darn bach o sebon a'i sglefrio dros ei gorff i gyd nes i chwa o sent rhosod gymysgu am funud gyda'r arogl mwg coed a phiso a oedd bob amser wedi'i fwydo yn yr aer. Dyma'r amser gorau o'r diwrnod i Ramesh a fyddai'n dyheu'n aml am ffresni dŵr.

Yn rhy fuan roedd yn rhaid iddo ildio'i le i'r nesaf yn y ciw. Camodd o'r neilltu yn wlyb diferyd. Os mai'r sêr oedd y gynfas ar ei wely, ei dywel oedd yr haul. Safodd oddi tano am ychydig i sychu. Yna, rhedodd adref trwy'r strydoedd cefn.

"Mam, oes 'na rwbath i frecwast heddiw?" galwodd ar ôl cyrraedd y tŷ a gweld bod pawb o'i deulu wedi codi.

"Nac oes, dim byd heddiw, Ramesh, mae arna i ofn."

Doedd clywed hynny ddim yn newydd i Ramesh. Roedd o wedi hen arfer cychwyn allan yn y bore heb ddim ond gwynt yn ei fol.

* * *

Aeth gwaith James Harlow ag ef o Efrog Newydd i Delhi Newydd yn ystod haf crasboeth 1977. Yr oedd ei ysgrifenyddes wedi trefnu iddo aros yn yr Oberoi: lle tra gwahanol i'r gwestai bach budron yr arhosai ynddynt pan fu'n crwydro'r India yn fyfyriwr.

Y bore hwn deffrodd fel arfer i ddeuawd ddiflas y ffan a'r system tymheru awyr: y naill â'i sŵn chwyrlïo cyflym a'r llall â'i rŵn undonog hir. Trodd ar ei gefn yn ddiog braf gan ymestyn ei goesau a'i freichiau ar hyd a lled y gwely fel octopws, a mwynhau teimlad y cynfasau gwyn crimp ar ei groen.

Daeth cnoc ar y drws i gyhoeddi bod ei frecwast wedi cyrraedd, a chododd James i dderbyn hambwrdd yn cynnwys sudd oren, platiaid o gig moch, sosej, wŷ, bara saim a thomato, tost a marmaled a photiad o goffi du. Yna aeth yn ôl i'w wely i wledda.

Dyma oedd patrwm ei foreau: brecwast hamddenol yn ei wely, yna codi a chael cawod ffres cyn i'r *dhobi* a weithiau i'r Oberoi gyrraedd i nôl ei ddillad budron a dod â'r rhai a olchodd iddo y diwrnod cynt yn eu holau, yn bentwr twt a glân.

Bob bore, yn ddiffael, byddai bachgen bach ifanc gyda'r *dhobi*, ac ers y tro cyntaf iddo'i weld roedd James wedi sylwi ar ei asbri a'i lygaid gloywon du. Ar ôl rhai boreau, mentrodd ymarfer ychydig o'i Hindi arno, gan ddweud pethau fel: *"Kia hal hai?"* ac *"Aj bahut garam hai"* – "Sut wyt ti" ac "Mae hi'n boeth iawn heddiw". Ar y dechrau parai hyn i'r plentyn gael ffitiau o chwerthin ond, wrth iddo ddod i arfer â'r Americanwr, daeth i wenu arno yn lle chwerthin ac i sgwrsio fymryn yn ôl.

Un bore, gofynnodd James i'r bachgen, *"Abka naam kia hai?"*

Gwenodd yntau ei wên fach annwyl. "Ramesh," atebodd yn swil.

* * *

Er nad oedd ond cwta wythnos ers i James gael y syniad, roedd y dymuniad y tu ôl iddo wedi cael ei gynnau ers amser maith: ers ei ymweliad cyntaf â'r India yr haf hwnnw pan oedd o yn y coleg. Cael ei ysgwyd wrth weld y tlodi mawr wnaeth o nes ei fod yn dyheu am fedru gwneud rhywbeth i helpu, gyda holl danbeidrwydd dyn ifanc sy'n wyllt am newid y byd. Wnaeth o ddim byd, wrth gwrs. Unwaith yr oedd yn ôl adref yn America aeth tlodi'r India'n angof wrth iddo ganolbwyntio ar bethau fel gorffen ei gwrs, sefydlu gyrfa a dechrau ei fusnes ei hun.

Ond prin yr oedd o wedi cyrraedd yn ei ôl yr haf hwn na chafodd ei atgoffa ohono. Y tu allan i faes awyr Indira Gandhi yn Delhi roedd rhes hir o gardotwyr yn dal eu dwylo iddo – er bod rhai heb freichiau; eraill heb goesau; eraill â llygaid gwynion yn syllu'n ddall ar yr aer. Yn eu mysg roedd plant, a sylwodd James ar un babi â breichiau bach tenau fel brigau.

Er iddo dollti rwpîs yn hael i sawl cwpan ddwylo, roedd o'n dal i'w gweld nhw yn ei frandi bob noson wrth iddo ymlacio yn y bar yn yr Oberoi ar ôl gorffen ei waith am y dydd. Gwelai wynebau rhai o'r plant a meddwl mewn difri pa ddyfodol oedd o'u blaenau. A theimlodd unwaith eto yr hen awydd hwnnw i wneud rhywbeth i wella'u byd. Ond beth? Roedd tlodi'r India mor enfawr, mor ddiarhebol. Pa obaith oedd gan un creadur bach fel ef o fedru gwneud unrhyw beth yn ei gylch?

Yna un bore, er mwyn creu sgwrs yn fwy na dim, digwyddodd James ofyn i Ramesh a oedd o'n mynd i'r ysgol. Mae'n rhaid nad oedd ei Hindi'n ddisglair iawn y bore hwnnw achos roedd yn amlwg nad oedd Ramesh yn ei ddallt. Trodd James at y *dhobi*.

"Gofyn iddo fo o'n i, ydy o'n mynd i'r ysgol," eglurodd yn Saesneg.

"Ysgol?" meddai'r *dhobi*'n syn. "O, na na na. Fedrwn ni

ddim fforddio'i yrru o i'r ysgol! Ramesh ydy'r ieuenga o saith o blant, 'dach chi'n gweld. Mae o'n dysgu bod yn *dhobi* efo fi."

Y noson honno, Ramesh a welai James yn ei frandi. Gwelai'r llygaid duon deallus uwchben pâr o ddwylo yn golchi dillad a'u rhwbio, eu gwasgu'n sych a'u smwddio – o fore gwyn tan nos, un dydd ar ôl y llall, am oes. Rywbryd cyn iddo fynd i'w wely am hanner nos, roedd y syniad wedi'i eni. Wrth gwrs fedrai o byth obeithio taclo tlodi'r India, ond doedd hynny ddim yn dweud na allai o wneud rhywbeth i helpu ar raddfa fach.

Doedd o ddim yn gyfoethog yn ôl safonau'r Gorllewin, ond roedd o'n ddigon cyfforddus i fedru fforddio talu am addysg un plentyn. Heddiw roedd o am ddechrau rhoi ei gynllun ar waith.

*   *   *

"Diolch! Diolch yn fawr iawn i chi! Diolch!" Safai'r *dhobi* ar ganol llawr stafell James, cledrau ei ddwylo'n cyffwrdd â'i gilydd fel pe bai o'n gweddïo, a'i lygaid yn llawn o'r diolchgarwch taeog yna nad ydy hanner can mlynedd o hunanlywodraeth wedi medru'i sgwrio o eneidiau'r Indiaid byth.

"Popeth yn iawn," atebodd James, braidd yn anghyfforddus.

"Diolch!"

"Wel...dyna fo 'ta. Mi welwn ni chi tua phump o'r gloch..."

"Diolch!"

"Iawn. Reit 'ta. Mi fasa'n well i ni gychwyn, dw i'n meddwl."

"Diolch!"

Doedd y *dhobi* ddim yn dangos unrhyw fwriad i symud. Roedd o wedi sefyll yn ei unfan yn diolch ac yn edrych yn ddiolchgar ers bron i bum munud, a dim ond gofyn tybed fyddai Ramesh yn hoffi dod gydag ef am dro i'r sŵ y diwrnod hwnnw yr oedd James wedi'i wneud. O'r diwedd penderfynodd James mai'r peth gorau fyddai iddo ef symud, a cheisio dangos i'r *dhobi* drwy hynny ei bod hi'n bryd iddo yntau fynd! Casglodd un neu ddau o bethau at ei gilydd a chychwyn am y drws. Symudodd y *dhobi* o'r diwedd. Ond cerdded allan wysg ei gefn wnaeth o, gan wynebu James bob cam, heb dynnu cledrau ei ddwylo oddi wrth ei gilydd a chan ddal i edrych yn ddiolchgar yr un pryd. Teimlodd James yn falch o gael camu allan i'r coridor ac yn falchach byth o gael ffarwelio â'r *dhobi* a diflannu i'r lifft.

Treulio'r diwrnod hwn gyda Ramesh oedd cam cyntaf cynllun James Harlow. Roedd arno eisiau cael cyfle i ddod i nabod y bachgen ychydig yn well a gweld sut roedden nhw'n dod ymlaen. Er gwaethaf y broblem gyfathrebu, bu'r diwrnod yn llwyddiant. Roedd Ramesh yn blentyn deallus ac annwyl, hawdd cymryd ato, a theimlai James iddi fod yn werth mynd ag ef allan er mwyn cael gweld ei lygaid wrth iddo ddotio at rai o'r anifeiliaid yn Sŵ Delhi, a'i wên wrth i ddau Everest o hufen iâ trilliw gyrraedd eu bwrdd yn Nirula's ar y ffordd yn ôl. Erbyn iddo ddychwelyd i'r gwesty, roedd o wedi penderfynu. Y cam nesaf fyddai codi'r pwnc gyda'r *dhobi* – a doedd o ddim yn edrych ymlaen ryw lawer at hynny. A barnu o'i ymddygiad y bore hwnnw roedd yn beryg y byddai'r *dhobi* druan yn diolch ei hun yn dwll.

* * *

Chafodd James ddim trafferth i gael sêl bendith y *dhobi* a'i wraig ar ei gynllun. Aeth ati wedyn i wneud ymholiadau ynglŷn ag ysgol addas ymysg y cysylltiadau a wnaethai yn ystod yr haf.

"Mi wn i am yr union le!" datganodd Americanes o'r enw Celia Vorder y daethai i'w hadnabod. "Mae plant ffrindiau i ni'n mynd yna. Ysgol Americanaidd o'r enw Pine Grove ar odre'r Himalayas." Eglurodd fod Pine Grove yn cynnig y gorau o ddau fyd i'w disgyblion: safon uchel o addysg a fyddai'n eu paratoi ar gyfer mynd i goleg mewn unrhyw le yn y Gorllewin, heb i unrhyw beryglon o'r Gorllewin darfu arnyn nhw. Sefydliad elusennol oedd wedi cychwyn yr ysgol, meddai, ac roedden nhw'n dal i gadw rhai lleoedd yno ar gyfer plant o deuluoedd tlawd iawn.

Cysylltodd James â phrifathro Pine Grove ac, wedi i Ramesh fynd trwy brawf deallusrwydd dan ganu, cytunwyd y byddai'n cael dechrau yno cyn i'r haf ddod i ben. Byddai'n cael lle wedi'i noddi i raddau helaeth, tra byddai James yn talu gweddill y ffi ac yn gofalu am bethau fel dillad, llyfrau a phres poced iddo trwy gydol ei ddyddiau ysgol, yn ogystal ag ambell i docyn bws i fynd i Delhi i weld ei deulu o dro i dro.

Er hyn i gyd, y bore yr aeth â Ramesh Lal, saith oed, o'i gartref yn Delhi i'r ysgol ar odre'r Himalayas, gwelai James ei hun yn greulon. Yr oedd mam, tair chwaer a thri brawd Ramesh i gyd wedi dod i'w ddanfon at y bws, ac wrth edrych ar y teulu tenau'n chwifio'u dwylo ar gornel Pahar Ganj – pob un yn edrych yn drist, rhai o'r merched yn crio, a hyd yn oed y *dhobi* heb fod yn edrych yn ddiolchgar –

a Ramesh welw, dawel yn syllu arnyn nhw drwy ffenest y bws, cafodd bwl o feddwl tybed oedd o'n gwneud y peth iawn. Doedd dim gair i'w gael gan Ramesh chwaith wrth i'r bws weu trwy'r ceir a'r gwartheg sanctaidd ar strydoedd prysur Delhi. Sgriwiodd ei ben cyn belled oddi wrth James ag y medrai, a hoelio'i holl sylw ar y gwartheg, fel pe bai'n meddwl mor braf fyddai cael bod yn fuwch.

Roedd o'r un mor dawedog ar ôl gadael Delhi, a phan arhoson nhw mewn caffi i gael pryd o fwyd, fwytodd o'r un briwsionyn.

"Dwyt ti ddim am drio tamad bach o samosa?" gofynnodd James.

Ysgydwodd Ramesh ei ben a sibrwd rhywbeth am boen yn ei fol.

Parhaodd y daith ar hyd ffyrdd hir a llychlyd, a'r gyrwyr i gyd wedi ymroi i yrru eu cerbydau'n gyflym, fel pe baen nhw'n geffylau mewn ras. Ddaeth dim smic o sŵn o gyfeiriad Ramesh tra oedden nhw'n carlamu ar hyd y gwastadeddau ond, pan ddaeth trionglau piws tywyll i'r golwg ar y gorwel, fe drodd yn sydyn at James.

"Be 'di'r rheina?" gofynnodd.

"Bryniau'r Siwaliks."

"Be?"

"Y Siwaliks. Maen nhw wedi cael 'u henwi ar ôl y duw Shiva."

"O!"

Roedd Ramesh yn gwybod am y duw Shiva, wrth gwrs, ac roedd y ffaith bod y trionglau rhyfedd wedi cael eu henwi ar ei ôl yn gwneud iddo deimlo ryw fymryn yn fwy cartrefol yn y lle dieithr yma – ond doedd o ddim yn deall yn iawn beth oedden nhw achos doedd o erioed wedi gweld bryn na mynydd o'r blaen.

Wrth i'r bws ddringo'r Siwaliks a mynd i lawr i Ddyffryn Dun yr ochr arall, daeth Ramesh i gymryd diddordeb yn ei siwrnai. Yr oedd yna ryw ryfeddod newydd yn ei aros rownd bob tro. Planhigion hir, pigog. Coed yn fyw o fwncïod. Creigiau. Rhaeadrau. Plant o'r un oed ag yntau yn sblasio yn yr ewyn gwyn.

Yn Dehra Dun, gadawodd James a Ramesh y bws a pharhau eu taith mewn tacsi. Aeth hwn â nhw i fyny troedfryniau'r Himalayas ar hyd llwybr igam-ogam nes eu bod saith mil o droedfeddi uwchlaw'r môr. Roedd hon yn daith i'w chofio i James, rhwng y ffaith bod yr olygfa'n tyfu ac yn tyfu'n banorama wrth i'r tacsi ddringo a bod Ramesh wedi deffro fel gwanwyn wrth ei ochr ac yn neidio o ffenest i ffenest gan bwyntio a gweiddi: "Yli, James!" "Hei, James, be 'di hwnna'n fan'na?" "O, sbia, sbia, James!" Roedd o'n dal i ryfeddu a holi wrth gerdded o'r ffordd fawr i'r ysgol, ac wrth iddyn nhw gyrraedd llwyddodd mwnci i wneud iddo chwerthin. Bachgen gwahanol iawn a gerddodd trwy ddrysau ysgol Pine Grove y pnawn hwnnw i'r un gwelw a adawodd ei deulu ben bore ar gornel Pahar Ganj.

Drannoeth, gadawodd James odre'r Himalayas am Delhi ac America yn o dawel ei feddwl bod y rhyfeddod a deimlai ynglŷn â'i fywyd newydd yn prysur drechu hiraeth Ramesh Lal!

* * *

Ni fu Ramesh yn hir yn setlo yn Pine Grove. Yn y llythyrau a dderbyniai oddi wrtho câi James hanes ei ffrindiau newydd, ei waith ysgol, ambell fuddugoliaeth ar y maes chwarae, a'r hwyl a'r miri o berfformio mewn cyngherddau a dramâu. Ar y dechrau, un o'r athrawon fyddai'n sgrifennu'r llythyrau hyn drosto ond, un diwrnod, roedd nodyn bach mewn Saesneg bratiog oddi wrth Ramesh ar waelod llythyr yr athro. O dipyn i beth aeth ei bytiau ef yn hwy a'i Saesneg yn llai a llai carpiog wrth iddo ddod i fedru sgrifennu yn raenus ac yn ffraeth. Teimlai James yn falch iawn ohono. Ysgrifennai'n ôl ato yn rhoi ei newyddion yntau, gan sôn am ei waith; am ei dŷ newydd; am ei gariad; am eu priodas; am enedigaeth eu mab cyntaf, James Junior, ac yna genedigaeth Jason, eu hail fab...

* * *

"Wel?"

"Be?"

"Ti'n gwbod be!…Wel, James? W't ti wedi sgwennu ato fo?"

"Dim eto."

"Dim eto! Dim eto! Sawl gwaith w't ti wedi deud 'dim eto'?"

"Susan, mae'n ddigon hawdd i ti bregethu! Y fi sy'n gorod sgwennu ato fo, ac mae hi'n anodd sobor gwbod be i'w ddeud!"

"Wel, pam na wnei di jest ddeud y gwir? Hm? Deud bod dy amgylchiada di wedi newid ac na fedri di ddim fforddio i'w gynnal o ddim mwy. Deud bod dy fusnas di wedi bod ar i lawr ers tro byd, a bod yn rhaid inni werthu'n tŷ a symud i fyw i ochor arall y dre mewn rhyw hen fflat bach tila. Deud wrtho fo bod gin ti ddau o blant dy hun a'i bod hi'n gwestiwn fedrwn ni fforddio'u gyrru *nhw* i'r coleg, heb sôn amdano fo!"

"Iawn, iawn, Susan! Paid â dechra hynny eto! Dw i'n gwbod na fedra i ddim fforddio'i gynnal o ond dydy hynna ddim yn gneud i mi deimlo'n llai euog. Mae o'n dibynnu arna i ac mae'n boen arna i'i adael o i lawr fel 'ma; mae o mor annheg."

"Dydy bywyd ddim *yn* deg, James; ddim i ni; ddim iddo fo. O leia, diolch i ti, mae o wedi cael naw mlynadd yn yr ysgol 'na."

"O ydy; a dyma fo, yn un ar bymthag oed, wrthi'n sefyll 'i arholiada, yn ffyddiog 'i fod o'n cael mynd yn ôl i Pine Grove i wneud cwrs lefel A y tymor nesa ac wedyn mynd i'r coleg fel ro'n i wedi addo iddo fo. A rŵan yn sydyn mae o am gael llythyr yn deud: 'Sori, Ramesh, does 'na ddim mwy o arian. Anghofia'r holl blania 'na fuon ni'n 'u gneud ar gyfar dy ddyfodol di. Mae'n rhaid i ti fynd yn ôl i slymia Delhi at dy fam a dy dad'. Meddylia sut mae byw mewn lle felly am fod iddo fo rŵan ar ôl iddo gael addysg a blas ar fywyd y Gorllewin! Dw i'n dechra difaru i mi'i dynnu o o'no erioed!"

"Braidd yn hwyr i fynd i feddwl hynna rŵan, tydi? Yli, James, waeth i ti, achos pa mor deilwng bynnag ydi Ramesh Lal, fedri di ddim rhoi 'i anghenion o o flaen anghenion dy deulu dy hun...Wel?"

"Be?"

"Ti'n gwbod be...Pryd w't ti am sgwennu ato fo?"

"Mi wna i unwaith y bydd 'i arholiada fo drosodd."

"Olreit! Ond os na wnei di y tro yma...mi wna i."

Pan ddechreuodd y sioc o dderbyn llythyr James gilio, aeth Ramesh i weld ei athrawon a chael ei gynghori ganddynt i sgrifennu at rieni rhai o'i ffrindiau a nifer o elusennau yn gofyn am help. Ond atebion negyddol a gafodd o bob man. Roedd rhieni ei ffrindiau i gyd wedi ymrwymo'n ariannol a'r elusennau wedi'u boddi gan geisiadau tebyg yn erfyn am nawdd.

Arhosodd Ramesh yn Pine Grove hyd at y diwrnod gwobrwyo. Ar ôl derbyn ei dystysgrif aeth i barti gyda'i ffrindiau a dyna lle bu'n dawnsio i'r gerddoriaeth ddiweddaraf o'r Gorllewin hyd yr oriau mân. Drannoeth, a'i gês yn ei law, cymerodd dacsi i Dehra Dun a bws oddi yno i Delhi. Disgynnodd yn Pahar Ganj a cherddodd i'r slymiau lle'r oedd ei deulu'n byw.

"Dyma fo! Dyma fo! Mam! Dad! Mae o wedi cyrraedd!" Clywodd Ramesh lais un o'i frodyr yn gweiddi wrth iddo nesáu at y tŷ. Ac yn sydyn, roedden nhw i gyd yno. Ei fam. Ei dad. Ei dair chwaer. Ei dri brawd. Eu gwŷr a'u gwragedd a'u plant. Pob un yn gwenu am y gorau ac yn falch o gael croesawu'r bachgen tal, llond ei groen yma, mewn jîns a chrys-T, yn ôl i'w plith.

Wedi i'r croeso dawelu fymryn, meddai'r *dhobi*: "Ramesh, mae gynnon ni ddau syrpréis iti. Yn gynta, 'dan ni wedi cael rhwbath sbesial iti i swpar heno." Ar hynny, gosododd un o'r merched ddysgl ar y bwrdd. Teimlodd Ramesh lygaid pawb arno ac roedd yn ymwybodol eu bod yn chwerthin, yn gynnwrf i gyd, wrth ei wylio. "Wel, be feddyli di o hynna, 'ta?" gofynnodd ei dad â balchder. "Cyrri, 'ngwas i, a wyddost ti be sy ynddo fo? Ia. Cig!"

Ceisiodd Ramesh ei orau i edrych yn falch ac i wenu ac, os sylwodd ei dad ar ei chwithdod, chymerodd o ddim arno o gwbl. Aeth yn ei flaen: "Y syrpréis arall ydy 'mod i wedi llwyddo i gael gwaith iti yn yr Oberoi efo fi fel *dhobi* nes y medri di gael hyd i ffordd o fynd ymlaen efo dy addysg. Mi es i i weld y bòs ar dy ran di ar ôl cael dy lythyr yn deud be oedd wedi digwydd y diwrnod o'r blaen. Felly, be w't ti'n feddwl? Go dda, 'te? Rwyt ti'n cael dechrau yna bora dydd Llun."

Ymdrechodd Ramesh ei orau i edrych yn falch eto. Dim ond dros dro fydd hyn, meddai wrtho'i hun; dim ond dros dro. Fel roedd Dad yn deud, dim ond nes medra i gael hyd i ffordd o fynd ymlaen efo fy addysg, a siawns na ddaw 'na rwbath cyn bo hir.

Cyn mynd i'w wely y noson honno rhoddodd Ramesh ei dystysgrif newydd i fyny ar y wal wrth ochr y llun llachar o'r duw Vishnu. Wrth ei glynu hi yno, sylwodd ar y wal. Wal fwd, meddyliodd. Rhyfedd! Dim ond fel wal roedd o wedi meddwl amdani o'r blaen.

*   *   *

Syniad Susan oedd y gwyliau yn yr India ym mis Awst 1993; doedd ar James ddim eisiau mynd ond, o'r bore y cyrhaeddodd llythyr Celia Vorder, doedd dim troi ar Susan. Yr oedd James wedi cadw cysylltiad â Celia a'i gŵr ers yr haf a dreuliodd yn gweithio yn yr India. Bu'n llythyru â nhw wedi iddo fynd yn ei ôl i Efrog Newydd a bu'r ddau yn aros gydag ef a Susan sawl gwaith pan oedden nhw yn America'n ymweld â'u teuluoedd yn Baltimore. Rŵan roedd eu merch yn priodi ac roedd Celia wedi sgrifennu i'w gwadd nhw a'r bechgyn i'r briodas.

"Beth am i ni fynd, James?" meddai Susan. " 'Dan ni ddim wedi cael gwylia iawn ers oesoedd, a rŵan bod dy fusnas di'n dechra cael ei draed dano unwaith eto, mi fedrwn ni fforddio mynd."

"Mae'n wir bod arnan ni angan gwylia," cytunodd James, "ond dw i ddim yn meddwl bod yr India'n syniad da. Beth am Ewrop?"

"O na, Dad! Dw i isio mynd i'r India!" llefodd James Jnr. "Ti wedi *deud* 'n bod ni'n cael mynd yna ryw ddwrnod. Ti wedi *gaddo*!"

"O, gawn ni fynd, plîs, Dad?" erfyniodd Jason. "Dw i isio gweld y llefydd yn dy lunia di *a* dw i isio cael reid ar gefn eliffant!"

Gyda thri yn erbyn un, gwelodd James nad oedd ganddo fawr o ddewis ond ildio. Cytunodd i fynd i'r India, ond nid heb i ryw hen deimlad o arswyd afael yn ei fol; teimlad a ddyfnhaodd ar ôl iddo gyrraedd Delhi. Y tu allan i faes awyr Indira Gandhi, roedd y rhes arferol o gardotwyr yn dal eu dwylo allan ac yn griddfan. Cerddodd James heibio iddyn nhw'n gyflym a'i ben i lawr.

Mynnodd y bechgyn gael teithio i'r gwesty mewn moto-beic ricsio; rhannodd Jason un gyda'i dad, a James Junior gyda'i fam. Bu'r brodyr yn eitha cysglyd ar yr awyren ond rŵan, yn y ricsio, roedd Jason wedi deffro drwyddo. Edrychai'n wyllt o un lle i'r llall wrth iddyn nhw rwnian eu ffordd ar hyd strydoedd Delhi, gan weiddi uwchben grwndi uchel y moto-beic:

"O, Dad, be mae'r dyn yna'n 'i neud i'r hogyn 'na?"

"Llnau 'i glustia fo. Dyna ydi 'i waith o, 'sti. Mynd o gwmpas strydoedd Delhi yn llnau clustia pobol."

"Wir yr? O, Dad, yli, mae 'na fuwch yn fan'na! Ac yn fan'na! Mi fasa'n rhyfedd tasa 'na warthag yng nghanol y traffig yn Efrog Newydd, 'basa Dad?…O yli, yli, neidar yn dawnsio yn y fasgiad 'na!…O sbia, Dad! Mae 'na ddyn yn pi-pi ar y stryd yn fan'na. O, ac un arall yn fan'cw…Sbia, sbia, Dad!"

Yr oedd Jason wedi ymgolli gormod yn y rhyfeddodau a welai ym mhobman o'i gwmpas i sylwi ar yr olwg ryfedd ar wyneb ei dad.

Mewn gwesty bach cyffredin iawn yr oedd James yn aros gyda'i deulu y tro hwn, ond roedd y wledd briodasol yn cael ei chynnal yn yr Oberoi. Yr oedd meddwl am fynd yno yn pwyso arno ac, yn fuan ar ôl cyrraedd, teimlodd ei hun yn mynd yn benysgafn ac yn boeth. Aeth i'r tŷ bach a lluchio dŵr oer dros ei wyneb. Yna cychwynnodd yn ei ôl. Ond wrth iddo fynd trwy'r drws, ei ben yn dal yn ysgafn, trawodd yn erbyn rhywun.

"O, mae'n ddrwg gen i," mwngialodd. Yna arhosodd yn ei unfan. Gwelodd ei fod newydd daro yn erbyn gŵr ifanc, tal, mewn siwt *kurta* lliw caci yn powlio llond troli o ddillad gwely glân. Sylwodd ar ei lygaid duon bywiog, deallus. Yna'n raddol lledaenodd lliw coch i fyny o'i wddf, dros ei ên a'i fochau a'i glustiau a'i dalcen, nes ei fod wedi staenio ei wyneb i gyd.

Antonia

ROBAT GRUFFUDD

TEIMLAI MICHAEL WYN JONES ers tro ei fod yn haeddu wythnos o *Winter Sun*. Fel un o gyfarwyddwyr cwmni teledu Pendil, Caernarfon, cawsai fisoedd o fargeinio caled gydag awdurdodau Telewales. Prin oedd yr arian ar gyfer ffilm a drama newydd, ond llwyddodd Michael i gadw cwota Pendil yn agos iawn i ffigwr y flwyddyn ariannol cynt.

Wythnos yng Nghupros oedd y nod ond, ac yntau ar fin ffonio'r cwmni teithio, glaniodd pecyn annisgwyl ar ei ddesg: sgript ar gyfer cyfres drama deledu ddeg pennod gan Dai Sears, hen ffrind coleg. Doedd gan Michael ddim syniad bod gan Dai unrhyw ddiléit llenyddol. Dysgwr oedd e, wedi graddio mewn gwyddoniaeth ac yn gweithio i gwmni peirianyddol yng Ngwent. Ond roedd y sgript yn eitha addawol, er bod angen tipyn o waith arni oherwydd diffyg profiad Dai o dechneg teledu.

Cafodd Michael ganiatâd ei gydgyfarwyddwyr i gymryd pythefnos. Gallai felly gyfuno gwyliau ag ychydig o waith. "Long shot", ys dywed y Sais, yw cyfres deledu y dyddiau hyn, ond petai'r saeth yn glanio, dyna swm da o waith i Pendil ar gyfer y flwyddyn ddilynol.

A'i gydwybod yn glir, felly, archebodd le mewn gwesty glan-môr pedair seren yn Paphos. Byddai ffôn yn ei stafell a gwasanaeth ffacs ar gael, ond sylwodd bod y gwesty hefyd yn cynnig pwll nofio dan do, clwb nos, adloniant, a *massage*.

Ehedodd, glaniodd a chyrhaeddodd, ac yn wir fe'i plesiwyd. Yr unig beth na chrybwyllodd y *brochure* lliwgar oedd y byddai'r lle yn pingo o Saeson geriatrig. Doedd e ddim yn eu beio am gymryd – rhai ohonynt – gymaint â thri mis o ddihangfa rhag gaeaf yn eu gwlad eu hunain. Yn wir, o ailfeddwl, roedd yn ddiolchgar am absenoldeb unrhyw demtasiwn amlwg. . .

* * *

Llamodd hi i mewn i'w ystafell ganol y bore Llun cyntaf. Yn wyllt a diamynedd, dwstiodd, brwsiodd, golchodd, ysgubodd. "Rwy'n casáu'r gwaith yma," meddai. "Maen nhw'n ein trin ni'n waeth am ein bod ni'n dod o Rwsia, yn ein gwylio ni'n llawer mwy clòs na'r merched lleol, ac maen *nhw'n* cael gorffen am dri yn lle pedwar."

Yna sylwodd hi ar y clud-gyfrifiadur agored ar y bwrdd. "Ro'n i'n arfer gweithio gyda chyfrifiaduron," meddai, gan bwyso am ennyd ar ei hwfyr. "Ro'n i'n *receptionist* mewn gwesty mawr ym Mosco. Dyw bod yn *receptionist* ym Mosco ddim 'run fath â fan hyn o gwbl. Ro'n i'n gyfrifol am yr holl arian tramor. . .ond gwell i fi beidio siarad mwy," meddai, gan bwyntio at y drws hanner agored, "maen nhw'n fy ngwylio bob munud."

Cydymdeimlodd Michael â hi, ond doedd e ddim am dorri ar draws ei gwaith, chwaith. Rhag bod yn ffordd yr hwfyr, cymerodd gam i'r balcon. "Bydda i'n gadael yr uffern yma pan ddaw'r flwyddyn hon i ben. Rheolau *immigration*: rhaid i chi arwyddo cytundeb gwaith cyn y cewch chi ddod mewn i'r wlad. Ond wedyn, pan fydda i wedi casglu digon o arian, bydda i'n mynd…wel, pwy ŵyr, i'r Eidal efalle…"

"Ydi'r cyflog yn weddol?" gofynnodd Michael.

"Dim ond pedwar can doler y mis, ond mae hynny tua deg gwaith be fasen i'n ennill ym Mosco…ond alla i ddim dweud mwy nawr."

Trodd ei chefn a phlygu i weithio dan y sinc. Ni allai Michael beidio sylwi ar y ddwy goes hir mewn sanau duon a ddaeth i'r amlwg wrth i'r diwnig waith las, dila ddringo a disgyn, a phan wynebodd hi ef wedyn i siarad, teimlodd ei chorff bach siapus yn treiddio ato drwy'r neilon tenau. Am ennyd fe'i hysigwyd gan flys. Ond dirmyg a her oedd yn y llygaid y tu ôl i'r sbectol bach crwn.

"Martini, rwy'n gweld," meddai, gan sylwi ar y botel hanner llawn ar ben y mini-bar. "Fy hoff ddiod, o'r Eidal. Rwy'n gallu siarad Eidaleg, wyddoch, ond rhaid i fi fynd."

"Os hoffech barhau'r sgwrs," meddai Michael, "croeso i chi gael diod 'da mi yn un o fariau'r gwesty 'ma…"

"Allan o'r cwestiwn yn y twll yma," meddai. "Ond yn y dre, efalle…" ac allan â hi, gan gicio'r drws a thynnu'r hambwrdd o drugareddau ar ei hôl.

Setlodd Michael yn ôl i weithio ar y sgript, ond bob hyn a hyn cofiai am y ferch. Gwyddai mai Antonia oedd ei henw, o'r bathodyn plastig ar ei bron. Rwy'n siŵr bod ganddi stori ddiddorol, meddyliodd, ac roedd hi'n swnio'n gêm. Os gwela i hi fory…

Daeth hi i mewn yr un amser drannoeth. Nid bod

Michael yn aros i mewn yn fwriadol. Dyna pryd y byddai'n ôl yn ei ystafell wedi brecwast bwffe a'i dro boreol o gwmpas y traeth artiffisial o flaen y gwesty.

"Gen i dridiau o wyliau o fory ymlaen," meddai.

"Beth am gwrdd…wel, ydi fory'n gyfleus?"

"Mae hurio car yn rhad iawn," awgrymodd. "Dw i heb weld Cupros o gwbwl."

"Na finne chwaith. Gweithio ydw i yma. Buasai'n braf mynd am dro i'r mynyddoedd."

"Dw i ddim yn siŵr eto…cawn ni weld."

"Wel, ffoniwch fy ystafell os ydych yn rhydd," meddai Michael, wrth i Antonia ddiflannu drwy'r drws eto.

Doedd e ddim yn siŵr a oedd e am wneud cynnig cweit mor hael â hynna, ond o leia mi wnaeth y cynnig. Peidio trio sy'n anfaddeuol, nid peidio llwyddo.

* * *

Nos Fercher aeth Michael am dro rownd bariau Paphos Isaf, y rhan dwristaidd o'r dre. Roedd e wedi gorffen un darlleniad manwl o'r sgript ac roedd syched yn cosi ei wddw.

Rhyfeddodd at y dwristiaeth remp: *British Pub*, *Sixties Bar*, *Elusions Nite Spot* ac un *Lancashire Tavern Under British Family Ownership*. Ond sylwodd mai Cupriaid oedd bia'r rhan fwyaf o'r llefydd hyn. O ran cywreinrwydd, craffodd i mewn drwy ffenest y *Flintstones Bar*. Pan welodd goed yn llosgi mewn tân agored, cerddodd i mewn. Archebodd beint o gwrw Keo ond difarodd wedyn – llawn nwy. Dylasai fod wedi cael brandi gynta i gynhesu; roedd hi'n oeri gyda'r nos.

Tynnodd y barman y peint: boi golygus, gwallt mawr cyrliog du; osgo hamddenol, cyfeillgar; llygaid tywyll, becso-dam. Cododd Michael sgwrs ag e. Aeth y peint yn dri, a thaflodd y barman frandi i mewn "ar y tŷ".

Dangosodd y lluniau gwyliau lliw oedd yn blastar ar y wal o dan yr *optics*. "Mae pawb yn cael hwyl yn y lle yma, wyddoch. Maen nhw'n dod 'nôl ac yn ôl. Rwy'n siarad â phawb. Ry'n ni'n deall sut i redeg lle fel hyn, fi a'm brodyr.

"Ry'n ni'n gweithio'n galed drwy'r dydd tan ddau o'r gloch y bore. Wedyn ry'n ni'n mynd allan ar y dre, rownd y clybiau nos gyda'r merched ac i'r gwely tua phump. Drychwch arnyn nhw, on'd y'n nhw'n bethau handi?" Pwyntiodd at y merched yn rhai o'r lluniau – "Rwy wedi bod gyda nhw i gyd, wel *bron* i gyd…

"Dyw'r rhan fwyaf ddim yn sylweddoli bod tua mil o bobl yn dod i mewn i'r bar 'ma bob wythnos, a phob un yn disgwyl i chi ei nabod yr eildro. Mae'n fusnes mawr, ac ry'n ni'n gwneud yn dda, rwy'n cyfadde. Rwy'n gallu mynd am ddau fis a hanner o wyliau'r flwyddyn i unrhyw wlad yn y byd…ond weda i gyfrinach wrthoch chi: am ein bod ni'n gyfeillgar yr y'n ni'n gwneud arian. Allwch chi ddim twyllo pobl. Dim ond pobl sy ddim yn gweithio er mwyn arian sy'n gwneud arian go iawn."

Dododd ei law'n gariadus ar y til, yna cipiodd wydryn Michael a'i wthio eilwaith dan yr *optic*. Roedd yn bryd i Michael droi'n ôl am ei westy pedair seren. Roedd wedi anghofio am Antonia; doedd hi ddim wedi ffonio. Nid ei fod e wir yn disgwyl iddi wneud. Ie, cesys yw'r Cupriaid, meddyliodd, wrth gerdded igam-ogam dros y filltir garegog ar lan y traeth.

* * *

Fore Sadwrn, roedd Antonia'n ôl yn ei gwaith. Gadawodd Michael iddi lanhau ei stafell, gan fynd â ffeil Dai allan gydag ef i'r balcon. Eisteddodd yn y sedd blastig a mwynhau haul y bore'n cynhesu ei wyneb.

"*Mai-cal!*" Dim ond ei phen oedd yno, ei ochr ef i'r ffenestr Ffrengig. "Sut mae? A sut mae'r gwaith? Sori na allais i ffonio; roedd yn rhaid i fi weld *My Manager...*"

"O, pwy felly...rheolwr y gwesty?"

"Na, dyn neisiach o lawer. Roedd e'n gweithio i'r Brodyr Constantinou pan ddaeth e draw i Rwsia i recriwtio staff, ond fe'u gadawodd nhw wedyn; fe ddweda i'r stori eto..."

"A sôn am hynny," meddai Michael gan weld ei gyfle, "mae'r cynnig yna am ddiod yn dal i sefyll – yn y dre, wrth gwrs. Neu beth am bryd o fwyd? Fasech chi'n hoffi un Eidalaidd? Ond bydda i'n deall yn iawn os nad yw'n gyfleus."

A threfnasant i gwrdd y noson wedyn ym mwyty San Lorenzo am wyth o'r gloch.

"Gwn fod ganddynt bianydd da," meddai Michael.

"Peidiwch poeni, mi fydda i yno," meddai Antoina, gan wincio wrth gau'r drws ar ei hôl.

*   *   *

Doedd y San Lorenzo, yn anffodus, ddim ar agor nos Sul, na'r Cavallieri, y bwyty Eidalaidd arall, felly aethant i far cyfagos i gael diod gychwynnol.

Wrth iddo ddychwelyd â'r diodydd, sylwodd Michael ar ei gwisg: gwisg hollol ddu a blows les gain a bwaon bach traddodiadol Rwsiaidd am y gwddwg. Minlliw coch ac ewinedd hirion perffaith goch a sanau duon eto, ond nid rhai plaen y tro hwn, ond rhai rhwydog, rhywiol.

"Rhaid i chi egluro i mi, Antonia, beth yn y byd mae merch brydferth o Rwsia'n ei wneud mewn lle fel hyn."

Dechreuodd adrodd ei stori, yn araf a thameidiog; go fratiog oedd ei Saesneg.

Fe'i ganed i deulu tlawd – ei thad yn alci – mewn pentre tua hanner can milltir o Fosco. Roedden nhw'n rhy dlawd i allu fforddio set deledu, hyd yn oed, ond llwyddodd hi i gael swydd mewn gwesty yn y brifddinas. Roedd ganddi ddwy chwaer, yr ieuengaf yn byw yn Iwgoslafia ac wedi priodi brodor o'r wlad, a doedd hi ddim yn gyfoethog, chwaith.

Siaradai Antonia'n agored a theimladwy a dechreuodd Michael deimlo'n euog rywsut. Noson o hwyl fu ganddo mewn golwg, ond nid oedd am chwarae â theimladau'r ferch hon. Pan ddaeth y cyfle i sôn yn fyr am ei gefndir ei hun, ni chuddiodd y ffaith ei fod yn briod.

"Ond dw i ddim yn deall," meddai Antonia. "Dyn ar ei ben ei hun am bythefnos mewn gwesty."

"Lle perffaith i weithio."

"Ond ydych chi'n hapus?"

"Wel, am wn i. . ."

"Dy'ch chi ddim yn siŵr, felly?"

"Awn ni am y bwyd yna, Antonia, pan fyddwch wedi gorffen y ddiod. Mae yna fwyty Tsieineaidd ymhellach i lawr y ffordd."

Parhaodd â'i stori yno, a sôn am y newid a ddigwyddodd yn sgil cwymp y Comiwnyddion: arian yn colli'i werth, swyddi'n diflannu, mwy o droseddu. "Ond er mor galed oedd bywyd ym Mosco, roedd gen i fy lle fy hun – fflat fach ar lawr ucha bloc tenement. Gallwn weld y Kremlin o'r ffenest. Roedd gen i beiriant stereo Phillips, recordiau, lluniau, llyfrau, ac mewn cist fach wedi'i chuddio o dan y gwely, roedd gen i gelc bach o arian tramor, arian ro'n i wedi llwyddo i'w ennill yn fy job yn y gwesty." Cymerodd lwyaid o'r porc chwerwfelys, ac un arall o reis cymysg ag wy; roedd tri chwrs yn mudferwi uwchben y fflamiau ar y bwrdd.

"Mae'r bwyd 'ma'n rhy felys i fi," meddai'n bendant. "Siwgwr ym mhopeth. . ."

"Ond dos ymlaen. . .fe ddigwyddodd rhywbeth, on'do?"

Profodd y bwyd yn betrus a sgriwio'i gwefusau wrth ei lyncu. Yn araf, teimlodd Michael y noson yn troi'n fethiant, ym mhob ystyr. Blydi camsyniad oedd yr holl beth o'r dechrau, yn deillio o'i awydd am gwmni menyw – unrhyw fenyw.

"Cwrddes i â'r dyn 'ma," meddai, wedi tawelwch hir. "*Deputy* yn senedd Rwsia, tua 35 oed. Dyn pwerus, carismatig. Ethon ni mas ddwywaith cyn cysgu 'da'n gilydd. Chwe gwaith gwrddon ni i gyd, dros gyfnod o bythefnos. Erbyn hynny roedd e'n gwybod yn union pryd o'n i mewn, pryd o'n i mas.

"Nawr roedd lot o hen bobl yn byw ar yr un llawr â fi, ac ro'n nhw'n hawdd iawn eu deffro. Gwnaeth e gopi o fy allwedd i...roedd 'na griw o fechgyn oedd wastad yn chwarae tu fas, ar bwys y lifft. Dealles i wedyn iddo wneud cytundeb â nhw: 30 y cant o werth popeth yn y fflat..."

"Felly torron nhw i mewn?"

"Do, a dwyn popeth, popeth oedd gen i ar y ddaear."

"Alla i ddim credu. Y bastard...ond beth am yr heddlu?"

"Dim pwynt o gwbwl. Roedd e'n *Deputy*; roedd ganddo imiwnedd..."

"Y bastard uffern. Druan â thi..."

Dan deimlad bellach, aeth Antonia ymlaen â'i stori. "Gymerodd e chwe mis i fi ddod drosto fe...dorres i gysylltiad â phob dyn o'n i'n 'i nabod, allwn i ddim ymddiried yn neb...ac felly, pan ddaeth y Brodyr Constantinou draw i Fosco ar eu sgawt ricriwtio blynyddol, fe neidiais at y cyfle. O'r 27 ohonon ni ymgeisiodd am waith yn y gwesty, dim ond fi gymron nhw. Ond nid dyna ddiwedd y busnes yna, chwaith. Ar ôl iddyn nhw fy newis i, dyma'r dyn yma yn fy ngalw ato i'w stafell, dim ond fe a fi..."

"Rwy'n gweld; felly roedd yna brawf arall..."

Doedd hi ddim am fanylu. "Ond roedd e'n ddigon neis," meddai'n ddi-hid.

"Ai fe," gofynnodd Michael, "yw'r dyn rwyt ti'n 'i alw *My Manager*?"

"Ie, ond mae e'n dda i fi. Mae'n helpu i 'nghael i allan o grafangau'r Brodyr Constantinou. Bydda i'n gweithio iddo fe wedyn. Mewn gwirionedd, rwy'n gweithio iddo fe nawr – yn dawel fach." Pesychodd Antonia'n fwriadol gryglyd.

"Peswch cas?"

Edrychodd hi arno'n ddrygionus. "Mae'n ddigon cas imi allu cymryd wythnos i ffwrdd o'r twll gwesty yna, a bydda i'n gweithio iddo fe am arian ychwanegol yn ei *apartments* yn Limassol..."

"Rhaid ei fod e'n talu'n well."

"Decpunt y dydd."

"Dyna i gyd?"

"Ond gyda'r arian yna bydda i, ryw ddydd, yn gallu gweld y byd."

Yn awr, teimlodd Michael gywilydd. Mor ddibwys oedd

'llwyddiant' neu 'fethiant' y noson. Roedd yn falch, bellach, ei fod wedi gwahodd Antonia allan, a'i fod yn medru rhoi clust iddi, a chynnig awr neu ddwy o gyfeillgarwch diamod.

"Ond roeddech chi'n dair chwaer. Anghofiais i ofyn am y llall, yr hynaf."

Ar hynny, torrodd Antonia i lawr, a llefain yn dawel. Yna estynnodd am hances, a sychu'r mascara o dan ei llygaid. Roedd y bwyd Tsieineaidd yn oeri ar ei phlât; prin roedd hi wedi ei gyffwrdd.

"Roedd hi'n arbennig," meddai o'r diwedd. "Roedd hi'n wahanol i ferched eraill. Hoffai fod ar ei phen ei hun. Roedd hi'n sensitif iawn. Byddai hi'n peintio ar borslen; dyna'i diddordeb mawr. Gallai wneud lluniau cain, cain."

"Ie...?"

"Wel, roedd pobl y pentre'n gwneud sbort am ei phen hi, ac yn gofyn pam nad oedd hi'n mynd mas gyda bechgyn, fel merchaid eraill...ac un dydd, fe'i lladdodd ei hun."

"Antonia fach..."

Teimlodd Michael gywilydd di-ben-draw o'i ffordd fras o fyw, o'i 'bryderon' pitw. Gallai ef wneud fel y mynnai, hedfan i rywle; ond aderyn bach mewn caets oedd y ferch hon, yn trio mor ddewr i hedfan allan, ond ei hadenydd wedi eu clipio gan foch o ddynion a gan systemau economaidd a gwleidyddol dieflig ac anghyfiawn.

* * *

Am chwech o'r gloch nos Lun, mae Michael yn cerdded yn araf ar hyd y ffordd gyfarwydd bellach ar ymyl y traeth, rhwng y gwesty a'r dre. Mae'r haul newydd suddo dan y gorwel ac yn y cyfnos gwêl oleuadau neon bariau Paphos Isaf. Ond nid yw'n sylwi arnynt ac nid yw'n edrych ymlaen at yr oed olaf hwn ag Antonia. Yn wir, mae rhyw ddiflastod trwm ond annelwig yn gwasgu arno. A dweud y gwir, roedd wedi synnu pan awgrymodd hi, ar ddiwedd y noson cynt, ei bod hi'n dal i ffansïo pryd Eidalaidd. Fu'r noson cynt yn fawr o lwyddiant o'i safbwynt e, ac yn sicr, yn fawr o hwyl. Efallai mai yn y bwyd Eidalaidd roedd ei diddordeb, nid ynddo ef. Roedd y gêm rywiol drosodd yn sicr. Ond o gofio y byddai'n mynd i weithio at ei 'Manager' fore Mawrth, teimlodd y dylai, efallai, roi'r pleser bach olaf hwn iddi. Byddai'n gwagio'i waled, ond o leiaf roedd ganddo waled i'w wagio.

Pan nesaodd at y San Lorenzo tua phum munud i wyth, gwelodd ferch ifanc mewn jîns tyn a siwmper wen dynnach yn cerdded â swae diofal tuag ato. Am eiliad, wnaeth e mo'i nabod hi. Dyma'r math o ferch y byddai'n uffern o hwyl i fynd allan gyda hi. Roedd yr holl densiynau wedi mynd.

Eisteddodd ef ac Antonia i lawr wrth fwrdd cornel gyda golygfeydd gwych o'r dref a'r traeth. Archebodd hithau gawl ac antipasta ac Amaretto, gan jocio'n ffraeth am hyn a'r llall. Edrychodd arni eto. Petai ei ffrindiau'n ei weld e nawr yng nghwmni'r fath slashen…Tybed a fyddai diwedd gwahanol i'r noson hon…?

"Rwy'n gallu chwarae'n llawer gwell na honna ar y piano. Nid dim ond caneuon Eidalaidd, ond pethau clasurol. Tshaicofsci yw fy hoff gyfansoddwr. Byddwn yn mynd i'r Bolshoi'n aml i fwynhau ei gerddoriaeth."

"Y *Bolshoi*?"

"Digon o docynnau rhad…"

Â'i fforc, cododd fadarchen yn dylifo o saws a'i stwffio i'w cheg gan droi ei gwefusau'n fwythlyd am y bwyd. "Mae'n ddrwg gen i am neithiwr," meddai yn y man. "Ond ro'n i'n falch o gael rhannu'r baich â rhywun arall. Rhaid eich bod chi'n meddwl 'mod i'n ferch anhapus iawn."

"Roeddwn i'n teimlo drosoch, rhaid cyfaddef."

"Dw i ddim yn ifanc, cofiwch; rwy'n edrych yn dipyn iau nag ydw i, ac rwy'n teimlo'n ddigalon weithiau wrth weld amser yn mynd 'mlaen. Mae'n wahanol i ddyn fel chi."

"Wrth gwrs. Teimlad naturiol iawn."

"Y cyfan dw i moyn yw dyn da a phlant. Sdim ots 'da fi pa genedl, gyda fe y bydda i'n byw."

"Fe ffindi di e, Antonia. Rwyt ti'n ferch atyniadol iawn."

"Dyw hynny ddim yn ddigon yn yr ochrau hyn. Unig ddiddordeb Cupriaid ifanc yw rhyw ac arian, ond pan gasgla i ddigon o arian bydda i'n ffoi, yn codi adenydd ac yn hedfan, pwy ŵyr i ble."

"Rwy'n credu dy fod ti'n anghywir," meddai Michael yn bwyllog. "Ydyn, mae dynion y trefi twristaidd yma wedi eu sbwylio – fe welais i hynny fy hunan y noson o'r blaen. Ac mae'r un peth yn wir am unrhyw ddinas fawr. Ond paid breuddwydio am fan gwyn man draw. Yn ôl i Rwsia y dylet ti fynd i gael gŵr, ac i'r pentre y daethost ohono…"

Ond roedd Michael wedi mynd yn rhy bell, neu wedi dweud y peth anghywir. Efallai bod sôn am y pentre wedi deffro rhyw atgof annymunol, oherwydd newidiodd hi'r sgwrs a buont am weddill y noson yn mwynhau mân siarad cellweirus fel unrhyw bâr arall a eisteddai o gwmpas y byrddau.

Canodd y pianydd ryw dôn sentimental, debyg i 'One Moment in Time'; un o'r tonau merfaidd yna a yrrai Michael yn wallgo pan glywai nhw yn y lifft neu dros frecwast. Ond wrth edrych ar y ferch hardd wrth ei ochr, a'r goeden ddeiliog yn plygu i lawr yr ochr draw i'r ffenest, a goleuadau'r ceir yn gwibio heibio, teimlodd Michael ias yn golchi drwyddo – ymdeimlad o freuder popeth, y chwerwedd o brofi melyster mor fyr, o wybod y byddai'r cyfan, yn y man, yn ddim mwy nag atgof pell; ond o sylweddoli mai yn y breuder ei hun yr oedd y melyster…

Mor gyflym y daeth deg o'r gloch. "Yn anffodus rhaid i fi godi'n gynnar iawn fory," meddai Antonia. "Diolch, Michael, am heno – a neithiwr."

"Rwy wedi mwynhau hefyd," meddai Michael, ychydig yn siomedig. "Trueni mawr bod yn rhaid i beth fel hyn ddod i ben. Ond efallai ei fod yn beth da. Pe na bai'n dod i ben heno, fe'i cawn yn anodd iawn fy nhynnu fy hun oddi wrthyt."

Cafodd ei chusanu'n ysgafn pan wahanasant ar ben stryd o siopau twristaidd. "Dyma fy ngherdyn," meddai Michael. "Anfona i anrheg o Gymru iti wedi cyrraedd adre. Cofia gadw mewn cysylltiad, a gadael imi wybod os galla i fyth fod o gymorth iti mewn unrhyw ffordd."

"Diolch. Does neb a ŵyr be ddaw."

"Wedi'r cyfan, rwy'n rhedeg cwmni teledu. Mae gen i lot o gysylltiadau…ry'n ni'n gallu cynnig gwaith dros dro, weithiau…wrth dy weld ti mor wahanol y ddwy noson yma, gallet ti'n hawdd fod yn actores."

"Ond byddai'n rhaid imi ddysgu Cymraeg."

"Nid ar gyfer rhan extra…Rwy'n perthyn i'r haves, y dosbarth cyfoethog, ac mae gen i ddyletswydd, hyd yn oed…"

Ond sylweddolodd bod y geiriau'n anghywir eto. Gafaelodd yn gynnes yn ei llaw. Gwenodd wên olaf, sydyn, hafaidd cyn rhedeg i gyfeiriad y fflat a rannai gyda dwy Rwsies arall a recriwtiwyd gan y Brodyr Constantinou. Chwifiodd ei llaw ar Michael cyn diflannu i mewn i'r adeilad.

Trodd Michael yn dawel yn ôl i gyfeiriad y traeth. Roedd ei gerddediad ar ei ffordd yn ôl yr un mor araf â'i ffordd yno – ond am resymau gwahanol iawn...

*   *   *

Roedd hi fel ffair wartheg yn y maes awyr, y lle'n llawn Saeson chwyslyd, boliog o'r Midlands, a Michael yn casáu pob eiliad. Gan rag-weld y sefyllfa ymlaen llaw, roedd wedi prynu llyfr diweddaraf Terry Archer. Roedd yn falch o fod wedi gorffen ei waith ar sgript Dai, a doedd e ddim am orlwytho'i ymennydd. Ond mae ysgafn ac ysgafn. Roedd y cymeriadau'n gardbord, yr ysgrifennu'n dechnegol wael – yna cyhoeddwyd ar y cyrn siarad y byddai awyren Birmingham ddwyawr yn hwyr.

Melltithiodd a nôl can o gwrw Keo o'r cownter am ddwybunt. Drachtiodd yn ddwfn; roedd yn dwym. Dyma un o'i ddiffiniadau o uffern.

Ond yna cofiodd fod ganddo'i glud-gyfrifiadur. Antonia...dyma gyfle i gofnodi'r profiad; dim byd i ysgwyd y byd, ond gallai wneud stori fer, neu hyd yn oed sgript deledu.

Gan anwybyddu'r dorf o Saeson o'i gwmpas, plymiodd i mewn i'r ysgrifennu. Daeth yn syndod o rwydd. Pa ryfedd? Roedd pob gair yn wir. Ond defnyddiodd ei ddychymyg i roi lliw ychwanegol ar y golygfeydd yn Rwsia, yn arbennig yr olygfa 'recriwtio'. Perffaith i'r teledu: y Brodyr Constantinou a'u *henchmen* yn leinio'r merched diniwed i fyny, yr olygfa rywiol wedyn mewn ystafell fach uwchben. Ond yn y bôn, stori syml am ferch syml, lawen yn cael ei defnyddio gan ddynion; am aderyn sy'n trio hedfan, sy'n gofyn dim mwy o fywyd na'r cyfle i wneud ei nyth ei hun; ond stori, ar yr un pryd, sy'n taflu llygedyn o oleuni – bach, ond clir – ar rai o broblemau'r byd heddiw.

Yn anfodlon y'i harweiniwyd i fyny *gangplank* y Boeing 757. Roedd e heb orffen y stori, ond roedd ganddo yn ei ben nifer o bosibiliadau diddorol ar gyfer diweddglo, ac ysai am roi cynnig arnynt.

* * *

Roedd yn ôl yn ei swyddfa fore Iau. Yn fwriadol, anwybyddodd y pentwr pythefnos o waith ar ei ddesg, a gofyn i'w ysgrifenyddes wrthod pob galwad ffôn tan y pnawn. Wedi rhestru'r prif bethau y byddai'n rhaid iddo ddelio â nhw y bore hwnnw, ffoniodd John Emlyn, un o gomisiynwyr Telewales, a hen gyfaill coleg arall.

"Gen i gwpwl o syniadau yr hoffwn eu trafod, John…Gen i un sgript addawol iawn a reit orffenedig a allai fod yn gyfres hir. Wyt ti'n cofio Dai Sears, oedd gyda ni ym Mangor?"

"Cofio'n iawn. Dysgwr, ond fasat ti byth yn gwybod. Cymêr…"

"Dyna'r boi…ac mae gen i un sgript arall, lot byrrach, a allsai fod yn ffilm fer reit effeithiol – petai digwydd bod gynnoch chi gynlluniau ar gyfer cyfres o ffilmiau byrion."

"Yn rhyfadd iawn," atebodd John, "ar yr union linella yna yr ydan ni wedi bod yn meddwl – am neud cyfres o ffilmia hanner awr. Rhatach na chyfres hir; mwy o amrywiaeth, ac yn rhannu'r gacan yn decach rhwng y cwmnïa."

"Grêt. Pryd a ble allwn ni gyfarfod?"

"Fel mae'n digwydd, mae gynnon ni bwyllgor bora fory. Nid yr un blynyddol, ond un o'r rhai lle 'dan ni'n taflu syniada o gwmpas a gneud cynllunia cyffredinol. Tyd lawr i Gaerdydd heno, cawn ni gwpwl o beints."

"Braidd yn fyr rybudd, John. Rwy newydd ddod 'nôl o wyliau. A'r wraig wedi dwyn y car."

"Wel...does dim llawar allan ni'i neud heb ddarllan y sgriptia, ond mi wna i ddeud bod gin ti betha ar y gweill."

"Ond pryd mae'r cyfarfod nesa?"

"Mewn tri mis."

Cnodd Michael yn galed ar y Pentel yn ei geg. Damia, cyfle rhy dda i'w golli. Ei waith ar sgript Dai efallai'n ofer, ond cyfle iddo ef wneud enw iddo'i hun.

"Ocê," meddai. "Wela i di heno. Wyth o'r gloch yn y Park?"

Hedfanodd y bore. Roedd y trên yn gadael gorsaf Bangor ychydig wedi un ac roedd hi'n ugain munud i pan alwodd heibio swyddfa'i ysgrifenyddes. Roedd tacsi'n disgwyl y tu allan.

"Mae rhywun wedi bod yn trio cael gafael arnoch chi trwy'r bore," meddai hi. "Dywedais wrthi eich bod chi'n brysur ond mi fynnodd ffonio'n ôl. Galwad dramor. Rhyw ferch o'r enw...dyma fo...Antonia Grivanova. Roedd hi'n swnio'n ypsét, rywsut..."

Caeodd Michael ei lygaid am ennyd cyn troi am y drws.

"Os bydd hi'n ffonio eto, gofyn iddi ffonio'n ôl ddydd Llun, 'nei di?"

* * *

Ag ochenaid o ryddhad, taflodd Michael ei ben yn ôl yn erbyn cefn y sedd, ac o fewn eiliadau roedd y trên yn tynnu'n dawel allan o orsaf Bangor. Diolch byth, byddai popeth yn iawn nawr. Fe gâi beint a phryd gyda'i hen gyfaill, ac fe gâi, fwy na thebyg, gomisiwn.

Gwibiodd y trên ar hyd arfordir gogledd Cymru a thrwy drefi gwyliau Llandudno, y Rhyl, Prestatyn. Yn gysglyd, ei lygaid yn hanner cau, edrychodd Michael drwy'r ffenest ar y milltiroedd o fariau twristaidd. Toddent i mewn i'w gilydd fel un neidr hir, neonlwyd. Nid mor annhebyg, meddyliodd, i Paphos Isaf. Pwy a ŵyr, efallai bod rhyw gyw sgwennwr yn un o'r gwestai pedair seren wrthi'r eiliad hon yn stryffaglu i sgrifennu stori am ryw blydi *waitress*.

Stori ddigon difyr am anghyfiawnder, stad y byd, ac am ddynion yn defnyddio merched...

Cyrraedd Verona

ELIN AP HYWEL

"*Prego, signorina.*"

Gwenodd Llinos ar y bachgen a ddaeth â'i choffi. Gwelai ei fod yn dallt yn iawn ei bod hi'n edmygu ei wallt sgleiniog a'i wasgod dwt. Edrychai fel morlo ifanc, meddyliodd, newydd godi o ddŵr y môr a lyfai'r cerrig ar ochr draw'r Piazza San Marco.

Safodd y bachgen wrth ei bwrdd am eiliad, gan ddal yr hambwrdd arian yn ysgafn, ar flaenau ei fysedd, uwch ei phen:

"Sut 'dach chi'n leicio Venezia, *signorina?*"

"O!" meddai Llinos yn syn. "O, mae'n nefolaidd."

Gwenodd y gweinydd yn broffesiynol o fonheddig, cyn troi ar ei sawdl a nyddu i ganol y dorf.

Teimlai Llinos yn wirion wrth iddi droi ei choffi. Roedd hi'n swnio'n hurt, yn naïf, fel unrhyw dwrist arall; yr un ateb a roddai'r ddwy ferch ifanc o Siapan a oedd yn pwffian chwerthin draw fan'cw wrth fynd i'r afael â mynydd o hufen iâ pinc a gwyn. Ac eto, dim ond dweud y gwir yr oedd hi. Pe bai hi'n credu yn y nefoedd, ella mai lle fel hwn fyddai o – dinas yn llawn goleuni, lle cerddai pobl hyd lonydd culion nes cyrraedd lle gwag, a sŵn adenydd.

Syllodd Llinos ar ei hadlewyrchiad yn y drych mawr o'i blaen, gan sipian ei choffi'n araf. Trwy'r stêm edrychai ei hwyneb yn welw a'i llygaid yn wyllt, yn orffwyll bron, fel rhai o'r cerfluniau o fân seintiau a welodd yn Assisi a Fflorens. Diolch i'r drefn ei bod hi wedi llwyddo i golli'r lleill, meddyliodd; eu gadael nhw mewn siop wydr ger y Ca' d'Oro a sleifio i ffwrdd ar ei phen ei hun.

O, mi roedd hi'n eu leicio nhw'n iawn – Alma a Stanli a Ioan Meilir, pensiynwyr hawddgar, dirodres o Ben Llŷn. Ond mi roedden nhw mor hen! Ddim yn hen go iawn, wrth gwrs, nid fel Anti Bet pan fu hi farw, yn ddeilen grin o hen, ond yn hen chwyddedig-eu-coesau a byr-eu-hanadl, yn ymlwybro ar ei hôl trwy orielau Siena a Rhufain. Ac eto pan fydden nhw'n dweud, "Del 'di'r babi yna. Yn tydi'r lliw glas yna'n dlws, Lisi? O! Sbïwch mewn difri ar Iesu Grist," teimlai ganrif yn hŷn na nhw.

Roedd triawd o ddynion mewn dicis-bo yn canu ffidil, soddgrwth a fiola mewn cornel y tu ôl i balmwydden fawr, ond chlywai hi ddim o'u cân, dim ond babel y sgyrsiau mewn sawl iaith a godai o'i chwmpas. Gwyliodd eu breichiau'n llifo'n ôl ac ymlaen am eiliad neu ddwy, cyn sylweddoli bod y gweinydd yn symud rhwng y byrddau marmor i'r un rhythm â'r walts. Gosodai'r cwpanau ar y byrddau fel bendithion. Am y tro cyntaf ers i'r bws adael maes parcio Pwllheli, teimlai ryw heddwch mawr yn disgyn arni.

Yr hyn oedd yn ei gwylltio hi, mewn gwirionedd, sylweddolodd rŵan, oedd y ffaith mai hi fyddai'n cytuno, dan wenu, hefo sylwadau Alma a'r lleill tra bo'u tywysydd yn llechu am oriau mewn rhyw gornel dywyll o'r oriel yn sbio ar luniau di-sôn-amdanyn-nhw gan arlunwyr anhysbys.

Wrth chwilio amdano fo un prynhawn mewn oriel yn San Gimignano, daeth ar ei draws o'r diwedd yn delwi o flaen llun o ferthyrdod San Sebastian. Tapiodd ei ysgwydd yn ysgafn â'i bys i ddwyn ei sylw.

"Sori i darfu arnoch chi," dywedodd yn sarrug, "ond dw i'n meddwl bod Lisi a Stanli'n dechrau teimlo'r gwres."

Edrychodd arni fel pe bai hi 'di'i alw o'n ôl o ganrif arall, o'i ferthyrdod ei hun. Teimlai am eiliad fel pe bai hi wedi tarfu ar ryw fyfyrdod sanctaidd. Ond pwy oedd i fod i drefnu'r gwyliau yma. Y fo ynta hi?

* * *

Gwnaeth ei llwy batrymau hir yn y llaeth ewynnog ar ben ei *cappuccino* wrth iddi feddwl am Massimo. Roedd o'n un rhyfedd. Bron na ddywedai anghynnes. Un byr, main oedd o, myfyriwr ymchwil mewn rhyw brifysgol yng ngogledd yr Eidal, ac yng nghanol haul crasboeth anterth haf roedd o wedi gwisgo'r un siwt a'r un tei ers i'r bws adael Bologna. Ac am siwt! Roedd hi fel cragen o frethyn gwyrdd yn amddiffyn y corff eiddil. Cyrhaeddai'r llewys hyd flaenau ei fysedd bron, a'r unig bryd y gwelai'r teithwyr addyrnau Massimo oedd pan godai un llaw yn llipa i gyfeiriad rhyw ryfeddod ar fryncyn pell, gan fwmial ychydig eiriau aneglur i'w ên.

Roedd hi'n amhosibl ei ddeall o'n siarad. Teithiai'r bws o Perugia i Assisi, o Spoleta i Sabbioneta, heibio i wastadeddau'r Abruzzo, tros fryniau tyner Toscana, heibio i resi o goed poplys.

Gyda'r nos, ym mariau'r gwestai, a Chlwb Pensiynwyr Pwllheli yn cyfeddach yn sidêt ar Chianti a *cherry brandy*, eisteddai Massimo fel tylluan wrth y bar, yn syllu'n fud i ddyfnderoedd ei *grappa* ac yn ochneidio o dro i dro. Bob hyn a hyn crafai ei goes.

"Gwastraff amsar llwyr 'di nacw," oedd dyfarniad Stanli. "Mi fedra Atila ddy Hyn roid gwell *tour* o Ogonianna'r Eidal inni na'r lembo yna."

"Lle gath o'r tei yna, dw i isio gwybod," holodd Lisi-Ann. "A be 'di'r stremp hir yna ar hyd-ddi? Mwstard? Ynta wy 'di ffrio?"

"Ewcs," meddai Alma, wrth droi ei gwydr yn freuddwydiol rhwng bys a bawd, "ond ma' isio gras weitha, yn does?"

Cytunodd Llinos yn dawel â hi. Oedd, roedd isio gras.

* * *

Meddyliai am Bet wrth iddi grwydro trwy'r torfeydd ar y Piazza San Marco mewn ffordd ddiog a digyswllt, a delweddau'r gorffennol yn hercio i'w meddwl rywsut-rywsut yng nghanol y presennol lliwgar, poeth. Oherwydd Bet roedd hi yma mewn gwirionedd. Er nad oedd hi erioed wedi bod dros y dŵr, ac er ei bod hi'n tynnu at ei phedwar ugain, yr oedd wedi dweud ers i Llinos fynd i'r coleg y byddai'n mynd â hi ar wyliau tramor pan basiai ei gradd.

Ond erbyn i'r canlyniadau gyrraedd, a'r trefniadau ar y gweill, roedd Bet yn sâl, yng ngafael y cancr oedd yn sugno'i hewyllys bob yn dipyn o ddydd i ddydd, mor farus ac anochel â llo bach yn tynnu ar deth ei fam. Safai Llinos rŵan wrth ymyl un o'r camlesi yn gwylio'r gondolîrs yn eu dillad coch ac aur yn gwthio'u polion i'r dŵr, yn gwthio, troi, gwthio, troi, ond yn eu lle gwelai Bet mewn hen gôt law a welingtons yn pwyso'i phen yn erbyn ystlys Cochen a'i bysedd yn mwytho'r llaeth o'r pwrs llawn. A fyddai Bet wedi hoffi'r Eidal, tybed? meddyliodd Llinos: yr eglwysi llawn arogldarth, y siopau llawn sidan, y gwydrau llawn gwin? Daeth hiraeth dychrynllyd drosti.

Cerddodd yn erbyn y dorf tua'r lonydd a arweiniai i ganol y ddrysfa o *piazzas* a rwyllai'r ddinas. Ymwthiodd yn erbyn y llif o bobl yn y pyrth culion, yr Almaenwyr a'r Americaniaid a symudai'n anochel tua'r sgwâr olau yng nghanol y ddinas tra chwiliai hithau am fan tawelach, mwy cysgodol i eistedd. Cerddodd heibio i'r stondinau lle y gorweddai'r melonau mawr tywyll yn addewid o gnawd oer, pinc; heibio i'r cabanau yn gwerthu watsys ffug a chrysau-T rhad, a theimlai'r chwys yn rhedeg yn ddagrau poeth i lawr ei chorff, rhwng ei bronnau a'i choesau, a'i flas yn hallt chwerw yn ei cheg. Dechreuodd geisio dyfalu faint o'r gloch oedd hi, faint o amser a aethai heibio ers iddi glywed clychau'r eglwysi yn taro tri o'r gloch. Pryd byddai'r bws i'r maes awyr yn gadael?

Pan ddaeth at sgwâr lychlyd, ddistadl o'r diwedd, sylweddolodd ei bod hi'n llwyr ar goll. Eisteddodd yn ddiolchgar wrth ymyl y ffynnon yn y canol, gan bwyso'i chefn yn erbyn y meini cynnes. Gorweddai cath denau yn y cysgod a'i hasennau'n chwythu i mewn ac allan fel megin flewog. Rhyfeddodd at y *geraniums* a flodeuai'n binc a choch ac oren ym mhob ffenest uchel. Blodau powld – blodau lipstic. Byddai Bet wedi hoffi'r rheini. Caeodd Llinos ei llygaid a gwelodd smotiau o goch ac oren yn ffrwydro yn erbyn y du a gurai y tu ôl i'w llygaid.

Yn y diwedd, pan fu Bet farw, roedd Llinos yn falch. Gafaelodd yn y llaw fechan, gnotiog a dilyn ôl y gwythiennau gleision ar hyd-ddi, fel pe bai hi'n ceisio dilyn trywydd yr holl ddyddiau golchi, y dyddiau pobi, y swperau cneifio, y cynaeafu a'r dyrnu. Fore trannoeth, wrth olchi'r llestri, gwyliodd y brain yn codi'n sydyn wrth i gar yr ymgymerwr basio'r glwyd, a gwyddai fod pob arlliw o Bet wedi ymadael â'r tŷ a'r caeau.

Teimlai Llinos y dagrau poeth yn cronni yn ei llygaid o'r diwedd, gan ddechrau tywallt yn ddi-stop i lawr ei gruddiau, diferu ar flaen ei thrwyn a llifo dros ei gwefusau ac i lawr ei gên. Agorodd ei cheg mewn gwae. Llefodd am Bet, am y ddynes oedd wedi ei magu hi bob gwyliau tra bod ei mam yn gweithio mewn swyddfa yn Lerpwl, am y ddynes na fyddai byth yn dwrdio, byth yn rhoi mwythau. Am y ddynes oedd wedi ei magu hi go iawn.

Bet a'i byd: byd tywyll y buarth, lle byddai lloi yn diflannu dros nos a dim ateb i gwestiynau gwyllt Llinos, byd lle bwyteid Begw, a fu'n pigo ar y clos y bore hwnnw, i swper ddydd Sul, a lle clywid pawennau cathod bach yn sgrafellu yn erbyn ymylon bwcedi sinc. Trwy'r dinistr a'r gwae symudai Anti Bet yn araf, fel cerbyd defodol; amhosibl oedd dweud ai da ai drwg a welai o'r tu ôl i'w sbectol Gwladwriaeth Les hefo'u rhimyn o blaster pinc.

"O, pws," llefodd yn hurt wrth y gath denau, "mae arna i gymaint o hiraeth amdani." Edrychai'r gath yn biwis arni cyn codi a hercian i ffwrdd i gysgod tawelach.

O'r diwedd tawelodd dagrau Llinos. Rŵan dim ond igian yn sych yr oedd hi. Rhoddodd cledr ei llaw yn erbyn ei thalcen a chodi ei phen i edrych o'i hamgylch. Prin y medrai weld dim trwy lygaid a oedd wedi chwyddo'n goch fel rhai mochyn bach, ond adwaenai'r cysgod a safai o'i blaen.

Yn ei siwt werdd edrychai fel pe bai o'n boddi o chwys. Glynai ei wallt yn gudynnau tamp wrth ei dalcen. Edrychodd arni am eiliad ac yna eisteddodd ar ei phwys ar ymyl carreg y ffynnon.

"Ewch o 'ma, wnewch chi," sisialodd Llinos yn filain. "Does arna i ddim isio'ch gweld chi. 'Dach chi ddim iws i mi, 'dach chi ddim iws i neb."

Ymbalfalodd yn seithug yn ei boced am rai eiliadau, fel pe na bai wedi ei chlywed hi, gan chwilio am hances bapur i'w rhoi iddi. Gwyddai Llinos na fyddai un ganddo. O'r diwedd, heb ddweud dim, tynnodd ei dei a'i estyn iddi, gan godi ei ysgwyddau mewn ystum o ymddiheuro.

"Ewch ag o o 'ma, wnewch chi," meddai Llinos gan ysgwyd ei dwylo, dan hysterics bron. "Tydw i ddim isio fo. Dydi o'n dda i ddim." Edrychodd i fyw ei lygaid. "Fath â chi. 'Dach chi fel rhech. 'Dach chi'n gwbl ddi-ddim, 'dach chi ddim blydi iws. Pam 'dach chi mor anobeithiol?" holodd. "Pam 'dach chi'n gwybod dim yw dim am eich gwlad eich hun? Pam 'dach chi'n gadael i'r hen bobl yma grwydro fel defaid ar hyd y lle yn hefru am baned o de dan yr haul poeth yma? Pam 'dach chi mor ddifanars a di-ddysg a di-ras? Pam? Pam? Pam?" Clywai ei llais yn codi'n uwch ac yn uwch, yn hedfan y tu hwnt i'w rheolaeth fel swigen ar y gwynt.

Estynnodd Massimo y tei eto. "Does gen i ddim byd arall," dywedodd. Teimlai Llinos y glafoer yn cronni'n hallt yn ei cheg ac yn rhedeg i lawr ei gên, yn gwneud iddi edrych yn wirion. Cymerodd y tei a sychu ei thrwyn yn swnllyd yn y deunydd trwchus. Gwelodd mai rhan o batrwm nadreddog o ebychnodau a marciau cwestiwn oedd y stremp melyn.

Eisteddodd y ddau yn hir ar ymyl y ffynnon wedi hynny, yn syllu o'u blaenau i'r cysgodion yng nghornel y sgwâr. O'r diwedd peidiodd ysgwyddau Llinos â chrynu. Cymerodd gipolwg slei ar Massimo.

"Pam 'dach chi...?" Trodd Massimo ei ben yn araf a sbio arni'n bryderus.

"Pam 'dach chi'n gwisgo'r siwt yna ar y fath dywydd poeth?"

Edrychodd Massimo arni fel pe bai hi'n mwydro. " 'Dach chi'n ei chlywed hi'n boeth?"

Dechreuodd Llinos chwerthin. "Mae'n flin gen i," meddai. "Mae'n flin gen i droi arnach chi fel yna. Ond newydd gael profedigaeth ydw i." Chwifiodd ei llaw yn llipa yn yr awyr, fel pe bai hi am gynnwys y sgwâr, y gath, y gwres, a'r cyfan oll yn y byd hwn oedd yn drech na hi yn sydyn. "A, 'dach chi'n gweld, mi rydach chi'n gwbl anobeithiol. Fel geid, beth bynnag," ychwanegodd.

Am eiliad meddyliodd ei bod hi am ddechrau crio eto. Yna sylweddolodd ei bod hi'n dal ei dei o yn ei llaw arall o hyd. Estynnodd o iddo, gan ddweud, "Hwdwch, 'dach chi isio hwn yn ôl..."

Gwelodd yr olwg gomig o chwithdod ar ei wyneb a chofiodd ei bod hi 'di glafoerio a chwythu ei thrwyn dros bob modfedd o'r tei. "Nac ydach," dywedodd, ac yna dechreuodd chwerthin go iawn.

Cododd Massimo ei ben ac edrych arni. "Nid myfyriwr ydw i." Siaradai'n fân ac yn fuan. " 'Dach chi'n iawn, dwi'n gwybod dim am hanes yr Eidal. Mi ro'n i'n gwneud gradd mewn Peirianneg ond mi ges i'n hel o'r coleg ar ddiwedd y flwyddyn gyntaf."

"Be 'dach chi'n gneud, ta?" holodd Llinos.

Sbiodd yn syn arni. " 'Di o ddim o bwys, ydi o?...Wel, dim byd. Pan welis i'r arwydd yn deud eu bod nhw'n chwilio am bobl i dywys teithia, do'n i'm yn meddwl y bysa neb yn sylwi 'mod i'n gwybod cyn lleied. Roedd o'n ffordd o ddod yn ôl yma, 'dach chi'n gweld. I gael gweld a fydda rhywbeth wedi newid."

"Be?" holodd Llinos. "Fydda be wedi newid?"

Cododd ei ysgwyddau. "Y lle. Y teimlad. Bu fy chwaer farw fan hyn, welwch chi. Mi'i lladdodd ei hun. Roedd hi hefo'i chariad, Americanwr; roedd gynno fo job yn un o'r caffis yma dros yr haf." Agorodd ei ddwylo a'u cau nhw eto mewn ystum o anobaith. "Doedd dim bai arno fo."

"Be ddaru hi?" holodd Llinos yn syn. Wyddai hi ddim a oedd hi'n ei gredu o.

"Torri ei gaddyrna. Wedi ffraeo'r oeddan nhw. Dwi'm yn meddwl ei bod hi 'di meddwl gneud amdani'i hun. Pe bai o 'di dod adra ar ôl gwaith yn lle mynd i glwb nos hefo'r *chef* a rhai o'r hogia eraill fasa hi'n dal yn fyw. Ond doedd dim bai arno fo." Syrthiodd ei ben yn flinedig. "Dim bai."

Syllodd Llinos arno mewn braw. Codai oglau sur ei chwys o o'r siwt.

"Ble..." Ni wyddai sut i holi'r gweddill.

"Dwn i'm, dwn i'm. Roeddan nhw'n aros mewn rhyw hostel ger y Piazza San Marco. Mi ddeudodd yr heddlu wrthan ni pan ddaeth Dad a finna i nôl ei chorff hi, ond dw i'n methu cofio. Roedd o mor hir yn ôl. Deuddeg oed o'n i." Gwgodd. "Doedd Mam ddim yn fodlon ein bod ni 'di dod adra heb ei chardigan hi. 'Mi fydd hi'n oer, y peth bach,' roedd hi'n ddeud, drosodd a throsodd. 'Sut fedrech chi fod mor flêr?' "

Yn llygad ei meddwl, gwelai Llinos hogyn hefo gwallt cyrliog du yn cerdded hyd un o'r lonydd culion yn llaw ei dad. Llusgai'r ddau eu traed fel pe bai blinder llethol arnyn nhw. Cyffyrddodd yn ysgafn â llawes Massimo a theimlo'r brethyn mor arw â blew ceffyl dan ei bysedd.

"Na," dywedodd Massimo. "Peidiwch. Peidiwch. Mi fydda i'n iawn erbyn i ni gyrraedd Verona." Edrychodd ar y tei. "Well i chi adael hwnna yn fa'ma."

* * *

Roedd curo dwylo a chwislo mawr pan gyrhaeddon nhw'r bws a'u gwynt yn eu dyrnau ar ôl rhedeg yr holl ffordd drwy'r strydoedd culion. Hanner ffordd yno roedd Massimo wedi diosg ei siaced. Edrychai'n iau, yn fwy normal rŵan, yn ei grys gwyn hefo'r goler agored. Baglodd Llinos i fyny grisiau'r bws gan chwerthin a gwrido. Edrychodd y gyrrwr yn flin arnyn nhw cyn sgrialu o'r maes parcio, ond tynnu'u coesau wnaeth pawb arall.

"Sbïwch, Llinos," meddai Alma. "Sbïwch be brynis i," ac estynnodd flodyn o wydr glas mewn nyth o bapur sidan i Llinos.

Daliodd Llinos y blodyn yn dyner yng nghwpan ei dwy law. Edrychodd yn hir arno. Daliodd o i fyny i'r golau. Taniodd pelydryn sydyn o heulwen y gwydr wrth iddyn nhw groesi'r bont yn ôl i'r tir mawr. Roedd o'n berffaith. Gwnâi ystum y petalau iddo edrych fel pe bai o'n dal yn fyw.

Tipyn o Waed Tramor

SIONED PUW ROWLANDS

MI ROEDD WILIAM wedi penderfynu y buasai raid iddo fo deithio'n bell, bell i hel digon o stwff i iro cymala'i ben. Yn wahanol i Gauguin a setlodd yn y pen draw am Lydaw. A dyna lle'r oedd o'n eistedd ar gefn beic yn Tsieina, yn llithro rhwng y sian-di-fang fath â procar i galon cacan newydd ei phobi; yn llyfu ac ar sbîd rhwng y traed bach prysur a'r gwalltia cryf fath â lastig.

– 'Di mynd i Tsieina, cofiwch,
meddai ei fam wrth hwn a'r llall.

– Isio gweld y beics, medda fo.

Nwdls seloffen tena fath ag eda, a chlaear fath â dŵr ffynnon oedd o'n eu cael i'w bwyta ers cyrraedd. A phast ffa yn gorwedd yn ddiog a di-barch ar eu penna. Fasa fo'm yn 'i daro fo fod y platiad o'i flaen fath â stwnsh gwlyb o wallt hen wraig wedi ei dynnu o geg sinc. Canolbwyntio ar eu rhediad yn llithro fel un neidar hir i lawr ei gorngwddw fydda fo'n ei wneud. A'i ddychmygu ei hun ar gefn y beic, a het driphlyg y pedalwr yn pwyso'n benderfynol o'i flaen, wrth iddo gael ei dynnu i fyny ac i lawr, ar draws ac ar led Beijing. Toedd yna'm pall arno fo, fath â saeth wedi ei saethu'n rhydd o fwa, ac yn dal i fynd doed a ddelo, neu ddefnyn o wlith yn torri'n rhydd o densiwn arwyneb cyn llithro'n chwim i ganol rhyw lif.

Mi adawodd Gymru a'i goesa'n crician i gyd. Toedd yna'm llawer o siâp ar betha, a theimlo'r oedd o 'i fod o angan ysbrydoliaeth. Ia, ysbrydoliaeth go iawn hefyd, nid gwerth ceiniog a dima, fel y basa fo'n 'i gael wrth fynd am ei holidês i Corfu neu Majorca. Sioc i'r system oedd o'i angan, i stwyrio'r ystrydeba goblyn o'u trymgwsg hunanol yn gymwys ynghanol ei ben. Toeddan nhw wedi meddiannu pob twll a chornel ac yn clymu'u cymala digywilydd o gwmpas ei dafod pinc? Dyna lle fasa fo'n paldareuo'n hy wrth ben ei ddesg yng nghanolfan y geiriadur, fel petasa fo'n gweithio i Radio Cymru. A dyna'i draed yn mynnu'u ffordd yn feunyddiol am Burton's neu Foster's ac yn byseddu'r siwtia a'r hancesi rhyfedda. Lliwia melyn, a phinc a gwyrdd gola. Nes ro'dd golwg fath â sisi-ben-gorad arno fo. Bob bora mi roedd yn rhaid treulio oria'n pwnio'r cyrls goblyn o'i wallt. Ond pincio bob ffordd fasa'r rheini erbyn iddo orffan bwyta'i frecwast.

Roedd hi fel petasa poblach a geiriach y teledu, y bocs bwyd brecwast a'i gydnabod wedi plethu'u ffordd fath â phry'r Arctig i fyny'i goluddion.

Delwyn Siôn sy wedi gafal yn ei dafod rŵan:

– Angan tsênj bach dw i 'tê. Newid bach i mi ga'l clywad syna newydd a rowlio peli fy llgada mewn golygfeydd gwahanol.

A'r hulpyn dici-bo hwnnw oedd yn gyfrifol ei fod o ar gefn beic yn Beijing.

Yn Tsieina, toedd yna'm peryg iddo fo nabod neb ond y fo'i hun. Digon o le iddo fo fedru mynd ati i berffeithio cyhyra'i ddychymyg, eu trochi mewn dŵr glân, a'u dadblethu o grafanga cynefin eu dylanwada di-fflach. A dyna lle'r oedd egni'i ben yn torri cwys newydd, benderfynol, ei wyneb am ymlaen, a'i wallt tila fel dafna plu crinclyd o'i ôl yn y gwynt. Gwthiai ei ymdrech chwys yn dew trwy'i groen nes y treiglai menyn go felys yn darth i lawr plyg ei ben-ôl.

Pad, pad-pad, pad, pad-pad-pad-pad, traed bach y dyn Tsieina.

– *Tâ-tî-tô-ôhá? Tô-ôhá?*

– *Tîn-tâ-éhô! Ehô!*

canodd Wiliam ei botsh, gan dwrio'i drwyn yng nghyfoeth y donyddiaeth, a'i lygaid yn disgleirio.

Os daliaf fy mhen fel hyn, yn syth bin o fy mlaen, a gwthio fy holl egni'n dynn i'w galon, mi fydda i wedi 'ngwaredu o f'arferion swnllyd a llipa, synfyfyriai'n benderfynol wrtho fo'i hun. Lledodd ei goesa a'u teimlo'n ymestyn. Dychmygai'r gwynt a oedd fel maneg golchi llestri amdanyn, yn mwytho siâp i'w goesa.

Meddai Robin wrtho fo echdoe, a'i ben yn bownsian i fyny ac i lawr wrth ddod i mewn drwy'r drws, yn llawn o bob math o ystyron, yn barod i'w chwydu'n smonach i ganol y geiriadur – toedd o fath ag amserydd wy, yn llond ei ben un funud, a'r nesaf, yn llwythog ei draed, a'i benglog yn benysgafn-wag, fath â thŷ wedi 'i 'madal – meddai Robin wrtho fo,

– Dw i'n cael traffarth rhoi trefn ar y stwnsh yma.

Meddai Wiliam,

– Dw i am brynu trowsus newydd.

A Robin,

– 'Y mhen i sydd, ysti. Gen i goblyn o gur yn 'y mhen.

– O. 'Di siopa'n cau'n gynnar ar ddydd Merchar?

– Sgen ti dabledi o ryw fath yn y drorsys acw, Wiliam?

Wrthi'n agor drôr, medda fo wrtha i,

– Hen le oer sy 'ma, ti'm yn meddwl?

– Diolch. Siawns na wneiff hon dawelu'r dyfroedd,
gan fynd i estyn joch o ddŵr i'w llyncu.

– Ia, 'ntê?

meddai Wiliam.

Yna,

– Melfed sy'n ddefnydd tlws, yndê? Mi fasa trowsus
melfed fath â chath yn dew am fy nghoesa.

Dyma be o'dd o'n da'n fa'ma yn chwibanu drwy'r gwynt
ar sbîd – yn profi'r cynsail angenrheidiol hwnnw fod dyn
neu ddynas yn fwy na'u nodweddion digywilydd, hefo'r
trwyna bach pigog yn dynn ym mhob briwas; fod bywyd
creadur yn fwy na phlatiad o ffeithia *nouvelles*, fath â blas
a chwaeth, 'mosiwn a chrebwyll yn gymysgedd o ronynna
del o'u blaena. Onid oedd yma goedan yn rhwla, yn crynu
yn y cyfnos, a choblyn o ellygen aeddfed yn ysu arni, yn
barod i agor ei chylla fel ceg organ i bryfetach? A gellygen
Tsieineaidd oedd honno am fod. Toedd o'n ymdrechu i
fod yn Wiliam aruthrol? – Yn meithrin natur aruthrol nad
oedd erioed wedi medru ei chwmpasu, ac ond wedi ei
dallt fath â bilidowcar o bell. Yr hancesi oedd ar fai ella,
yn mynd y tu hwnt i'w dalenta a'i bwera, yn hongian yn
llipa-gysglyd o boced ei frest. Ond dyma anhawster cas,
hyll dyn llawn cymelliada ac ergydiana, hyd yn oed llawn
ffydd, ond heb lwybra destlus a glân i'w syniada.

– Myn ffieidd-dra i!

a rhoddodd gnoc flin i'w ben-glin yn erbyn y ricsio.

Petasa fo'n cynnig ei ymddiswyddiad, ac yn ei dynnu'i
hun yn ara deg allan o'i groen, mi fasa Wiliam yn beryg
bywyd, yn basa? Fath â char rali heb yrrwr wrth y llyw.

Felly 'toes yna ddim amdani. 'Toes yna reidrwydd arno fo fod yn Wiliam a neb arall i ymgymryd â'r cyfrifoldeb? A 'toes yna'm byd gwaeth na joban ar ei hannar.

– Beth a phwy ydach chi?

gofynnodd dyn yn ei ymyl ar yr awyren ar y ffordd yno.

– Piwritan ar ei ffordd i Beijing,

atebodd Wiliam.

– Y? Piwritan? Peidiwch â'i malu hi. *Fedrwch* chi'm bod yn biwritan. Mae'ch gwefusa chi'n deud y cwbl. 'Dach chi'n drewi o gnawdolrwydd.

Tuthiodd ei feddylia yn eu blaena, rhyw chydig gentimetra uwchben ei wallt, yn dal eu hurddas wrth i'r cerpyn byw o dan y gwegil, a'r coesa ar led am ben y ricsio fynd yn glwt chwithig i gyd, yn giami o letchwith a broesgar, a'r gwefusa'n cwffio yn erbyn ei gilydd wrth iddo fo wehyru a rhochian chwerthin dros bob man.

– Hei, yn Tsieina w't ti, Wil,

medda fo wrtho fo'i hun.

– O! ble ma' dy ddychymyg? Yn ista'n osgeiddig mewn cimono, ynta'n cynffonna'n elain ar ôl cathod?

Penderfynodd roi taw ar y stŵr a thawelu, ymlacio'i gyhyra tyn a chau'i lgada pwt, a rhoi hoe i finna'r un pryd, lle 'y mod i'n tuchian hel straeon ar bapur yn fa'ma.

Felly dyma

* * *

ENNYD O DAWELWCH

* * *

– Be 'dach chi'n feddwl, Ddyn Ricsio? Cysgu a breuddwydio – be 'dach chi'n feddwl ohonyn nhw?

Pad-pad. Mae o'n rhy brysur hefo'i pad-pad, pad, pad-pad, pad i stwyrian ac ymateb.

Mikio! Gwrandewch arna i'n traethu! Ma'r syniada goblyn yma'n diboblogi'n ddychrynllyd, yn newid patrwm gwlad, ac yn gyrru heidia ar daith wlyb, fudur i chwilio am eu cynffonna ym mhen draw'r byd. Mae yna fynd a dŵad fel llanw a thrai'n llawn caregach, yn anwybyddu siapia tiroedd ac yn golchi'n ddi-hid am ben peth wmbrath. A be 'dach chi'n 'i neud hefo enw Siapanaeg yma'n Beijing?

Dyrrodd y pwt pedalwr ei ben yn ôl dros un ysgwydd, a rowlio'i wefusa'n sydyn am i fyny ac am i lawr, fel petasa gynno fo ddau bry genwair yn gloddesta ar ei wyneb, a hynny i ddangos rhes o ddannadd pigog fath â hoelion wyth. Daliodd i sgyrnygu a phedalu am bum deg a chwech o eiliada, yn ôl tician amser Wiliam, a hwnnw wrthi ei ora glas yn dal ei wynt.

Sythodd Wiliam, a chofio am yr hancesi'r un pryd.

Taenodd gledr ei law dros rinciada annifyr gwallt ei ben. Cynhyrfodd ryw ychydig wrth feddwl y buasai'n rhaid iddo fo orwadd ar ei wyneb yn ei arch oherwydd y sbrigia cochlyd goblyn yma. Fuasa fiw iddo gael ei losgi rhag codi ofn ar berthnasa hefo llond jwg bach handi o'r sbringia cochlyd, pigog yn gofeb iddo fo – Wiliam Murry.

– Hen stori sâl 'di hon,

medda fo wrtho'i hun yn ddistaw, ddistaw bach.

– Hen stori ddrud hefyd.

Caeodd ei lygaid a synio am ei siwt hufen, hefo rhyw dwtsh bach o felyn iddi, fel môr o lefrith yn hufennu'i groen.

Hen stori hir, heb ddiwadd.

Bron yn Stori

ISLWYN FFOWC ELIS

ROEDD TYMER DDRWG Medi'n dechrau llareiddio. A hynny
ar ei hail ddiwrnod ar ynys Malta. Roedd yr haul yn help,
bid siŵr. I gael llond croen o haul y daethai yma. Wel,
dyna un rheswm, ac nid y pennaf chwaith. Ond doedd hi
ddim wedi disgwyl haul mor ffyrnig â hwn. Roedd rheswm
ar bopeth. Peth arall, roedd hi'n mwynhau bod mewn tyrfa
fel arfer. Roedd tyrfa siopa yn Llandudno ar drothwy'r
Nadolig yn gasgliad cartrefol o fodau dynol, pawb ar yr
un perwyl. Ond casgliad gwahanol iawn oedd tyrfa
amlgenhedlig wedi'i harllwys i Stryd y Weriniaeth yn
Valletta mewn gwres gormesol yn nechrau Medi. Doedd
hi erioed o'r blaen wedi gweld cynifer o bobol mewn un
lle, yn fodau dynol llawn faint o'i chwmpas yma, yn wasgfa
o forgrug unffurf yn y pellter draw.

Ond roedd ei thymer ddrwg yn dechrau llareiddio.
Rhaid mai'r newid oedd yn cyfri am hynny, cyffro bod ar
wyliau. Roedd yr haul, er ei fod yn rhostio'r awyr o'i
chwmpas, yn ddewisach na haul gwangalon Cymru. Er
bod y dyrfa'n llethol, roedd honno'n brofiad newydd
heriol. Un peth oedd yn eisiau: cwmni. Cwmni i rannu'r
haul a'r dyrfa, i siarad amdanyn nhw, i'w canmol neu i'w

fflamio. Ac fe fyddai cwmni ganddi petai Rhodri wedi dod.

Rhodri oedd achos ei thymer ddrwg. Neb arall. Dim arall. Y dyn oedd wedi'i chanlyn ers pedair blynedd heb gynnig ei phriodi. A fyddai hi ddim yma oni bai am Rhodri. Dyna'r dolur pennaf. Rhodri'i hun oedd wedi awgrymu wythnos ym Malta.

"Wel'di, Medi. Rwyt ti'n athrawes Hanes, a fuost ti 'rioed yng nghrud hanes y Môr Canoldir. Rydw i am fynd â ti i Malta cyn diwedd yr ha'."

Roedden nhw wedi bod gyda'i gilydd yn yr Aifft, yng Ngroeg, yn Rhufain, yn Israel, ym mhobman hanesyddol yn Ewrop o fewn cyrraedd hwylus, eu hafau'n hedfan a'u blynyddoedd yn gwibio. A'r gyrchfan hanesyddol nesaf, un o'r ychydig a oedd ar ôl yn Ewrop iddyn nhw, fyddai Malta.

Roedd Rhodri wedi gwneud yr ymchwil angenrheidiol i gyd, wedi penderfynu popeth, yn ôl ei arfer. Ond pan oedd ar fin archebu'r tocynnau, daeth llythyr i ddweud y byddai cyfarfod brys o bwyllgor gwaith yr Undeb yn Blackpool yr un wythnos â'r gwyliau ym Malta, ac yn 'taer erfyn am ei bresenoldeb'. Byddai'n amhosib iddo fynd i Malta wedi'r cwbl. Byddai'n rhaid i Medi fynd ar ei phen ei hun. Cyfle rhy dda i'w golli. Fe fyddai hi'n siŵr o'i fwynhau.

Penderfynodd Medi ystyfnigo.

"Dw i ddim am fynd."

"Roeddwn i'n disgwyl iti ddeud hynny," meddai Rhodri. "Dyna fyddai merch siomedig yn 'i ddeud, mae'n siŵr. Ond edrych di arni fel hyn..."

Fe baentiodd Rhodri ddarlun cyfareddol o Malta, er nad oedd erioed wedi bod yno: y beddau filoedd o flynyddoedd oed, yr eglwysi anhygoel, olion mawreddog Marchogion Sant Ioan, y cyfan yr oedd wedi'i ddarllen, gan wthio'r llyfrynnau gwyliau a'u darluniau danteithiol o'i blaen i'w themtio.

Fe ildiodd Medi. A dyma hi ym Malta ar ei phen ei hun.

Doedd dim gwahaniaeth ganddi a oedd Rhodri'n ei fwynhau ei hun yn Blackpool ai peidio. Roedd Rhodri'n treulio rhan helaeth o'i fywyd mewn pwyllgorau. Fe ofynnodd iddo rywdro a oedd yn mwynhau pwyllgora.

"Dydw i 'rioed wedi meddwl am y peth," atebodd yntau.

Dyletswydd oedd popeth i Rhodri. Ac nid peth i'w fwynhau oedd dyletswydd. Peth amherthnasol oedd 'mwynhau'. Yn y dyddiau adwythig hyn, a chynifer o brifathrawon yn gadael eu swydd am fod pwysau'r gwaith papur a'r cyllido a'r trefnu yn ormod iddyn nhw, dal ati yr oedd Rhodri, er nad oedd yn mwynhau'r gwaith, nac yn ei gasáu chwaith o ran hynny. Roedd yn rhaid i rywun wneud y gwaith, mwynhau neu beidio. Dyletswydd oedd popeth. Dyletswydd oedd gwyliau, hyd yn oed. Roedd yn ddyletswydd ar brifathro gymryd gwyliau, gwyliau llesol i'r corff a'r meddwl, er mwyn bod yn fwy ffit i wneud ei waith bob dydd yn well. Os gallai roi mwynhad i rywun arall ar y gwyliau hynny, gorau oll.

Ar bob un o'u gwyliau 'hanesyddol' roedd Medi wedi bod yn ymwybodol o hyn oll. Fe allsai daeru bod Rhodri'n mwynhau'r gwyliau hynny oni bai'i bod yn gwybod yn amgen. Roedd *hi* wedi'u mwynhau, beth bynnag. Er nad oedd Rhodri'n mwynhau gwyliau, medda fo, roedd yn drefnydd a chydymaith gwyliau ardderchog. Dyna pam roedd hi'n teimlo mor chwithig hebddo.

Erbyn hyn roedd y gwres a'r dyrfa'n dechrau dweud arni. Diod o rywbeth fyddai'n dda. Os oedd ganddi ddigon o arian Malta. Roedd yn bryd iddi godi tipyn o arian yr ynys, prun bynnag. Gwelodd fanc ychydig lathenni o'i blaen, ar y dde. Yna sylwodd ar y peiriant arian ar y wal. Safodd o'i flaen, a darllen y geiriau arno. Trwy hwn fe allai newid arian sterling am y swm a fynnai o arian Malta, dim ond iddi ddilyn y cyfarwyddiadau'n ddeallus.

Ond doedd hi erioed wedi gweld peiriant fel hwn o'r blaen, chwaethach defnyddio un. Fe ellid rhoi ffranciau ynddo, marciau Almaenig, *lire* Eidalaidd...y rheini, a rhagor. Fe allai fod yma trwy'r prynhawn yn ceisio deall y cyfarwyddiadau, yn chwilio am y botymau cywir.

"Ga i'ch helpu chi?"

Llais gwrywaidd persain iawn. Saesneg ac arlliw tramor arni. Y peth diwethaf roedd arni'i eisiau. Fe allai ofalu amdani'i hun yn iawn, diolch yn fawr; doedd hi ddim yn mynd i ddibynnu ar neb, yn enwedig ar ddynion a allai fod ar drywydd merched dibartner. Ond troi'i phen wnaeth hi, er ei gwaethaf, ac edrych arno.

Roedd y dyn tua'r un oedran â hi'i hunan, tua phymtheg ar hugain, yn bur dal, o bryd tywyll, ac yn gwybod sut i wisgo.

"Os mai sterling sy gyda chi, dodwch e yn y slot yma."

Fe allai fod yn sefyllfa beryglus. Fe allai'r tramorwr hwn fod yn lleidr llithrig iawn ei law. Fflachiodd y pryderon trwy feddwl cyflym Medi, ond ufuddhau wnaeth hi. Am ei thri phapur ugain punt estynnodd y peiriant iddi becyn bychan o *liri* Malta, ac fe'u cymerodd nhw. Edrychodd ar y pecyn bychan braidd yn siomedig.

"Eu gweld nhw'n fach?" gwenodd y tramorwr. "Cofiwch

fod *lira* Malta'n fwy na phunt Lloegr. Mae'r peiriant yn ddigon gonest."

Fel y dyn yma, meddyliodd Medi. Ac yna, ei cheryddu'i hun. Doedd hi ddim yn ei nabod. Ddim eto.

"Os maddeuwch imi am ddweud," meddai'r tramorwr, "mae golwg wedi blino arnoch chi. Fuoch chi'n cerdded yn hir yn y crowd 'ma? A gwres Malta'n newydd ichi? Os gwnewch chi 'nhrystio i, mae 'na dŷ coffi rhagorol rownd y cornel. Rwy'n nabod y perchennog. Os yw'n well gyda chi, fe gewch gystal cwpaned o de yno ag a gewch chi yn Lloegr. Ddewch chi?"

"Os ca i dalu drosof fy hun," meddai Medi.

"Rwy'n gobeithio na fydd rhaid talu o gwbwl."

Roedd y tŷ coffi'n llawn. Ond ar hynny fe gododd cwpl canol oed oddi wrth y bwrdd bach yn y cornel. Roedd y ddau yn edrych yn chwyslyd iawn, ac yn amlwg ar ganol cweryl. Hwyliodd y wraig yn frochus trwy ddrws y caffi, gan adael y gŵr i dalu'r bil cyn ymwthio allan ar ei hôl.

Cydiodd llaw dyner ond cadarn ym mhenelin Medi a'i llywio at y bwrdd cornel. Daeth y perchennog atyn nhw.

"Gerard Minelli!" bloeddiodd hwnnw. Wedi mawr ysgwyd llaw a chofleidio, dyna lifeiriant brwd o eiriau mewn iaith dramor, ac yna:

"Federico!"

Daeth un o'r gweision byrddau at y perchennog, a chafwyd tywalltiad arall o'r iaith dramor. Diflannodd Federico i gyrchu'r coffi a beth bynnag arall roedd y perchennog huawdl wedi'i orchymyn. A chan fowio a dymuno 'Prynhawn da!' yn yr iaith dramor ac yn Saesneg, diflannodd y perchennog yntau.

"Rŵan mi wn i'ch enw chi," meddai Medi. "Mr Minelli."

"Gerard," meddai'i chydymaith. "A'ch enw chi?"

"Medi Leonard."

"O Loegr?"

Nawr, yr eglurhad arferol. Nid o Loegr, ond o Gymru. Roedd y ddwy wlad yn wahanol. Roedd gan y Cymry eu hiaith eu hunain. Ac felly 'mlaen. Roedd Gerard Minelli'n deall, yn gwybod. Dyn diwylliedig, yn amlwg.

"Ar wyliau rydach chithau?" gofynnodd Medi.

Siglodd Gerard ei ben.

"Rydw i'n byw yma. Brodor balch o'i wlad."

" 'Dach chi'n byw yn Valletta 'ma?"

"Nac ydw, diolch byth. Yn ddigon pell o'r lle gorlawn yma. Fuoch chi yn Rabat?"

"Ddim eto."

"Yr hen brifddinas. Lle gwareiddiedig. Mi af â chi yno, os ca i."

Cymysglyd ei meddwl oedd Medi y noson honno wrth gerdded i'w stafell yn y gwesty. Roedd cymaint wedi digwydd y diwrnod hwnnw, y dydd Llun rhyfeddaf a welodd yn ei bywyd.

Ond doedd dim amser i hel meddyliau rŵan. Roedd hi am ddadwisgo a chael cawod. Pan dynnodd ei sgert fini sylwodd ar y cochni ar ei choesau. Doedd hi ddim wedi gwisgo sgert gwta gartre ers blynyddoedd, ond fe brynodd hon yn arbennig ar gyfer Malta. Rhodri oedd wedi awgrymu hynny.

"Mi all fod yn gynnes iawn yno, Medi. Gora po leia o ddillad fydd gen ti amdanat. Pryna rywbeth addas, fel y gnest ti pan aethon ni i Athen a'r llefydd erill."

Ond roedd y sgert fini'n tynnu'r haul yn ogystal â llygaid

gwŷr canol oed. Gwelodd Medi fod crothau'i choesau'n goch, a rhannau o'i chluniau, hyd yn oed, yn binc. Os oedden nhw'n cosi rŵan, fe fydden nhw'n llosgi heno.

Taenodd ychydig o eli llosg haul ar y coch a'r pinc a'i esmwytho'n dyner i'r croen. Dim sgert fer yfory, felly. Gresyn hefyd. Y sgert – neu'r coesau – oedd wedi denu Gerard ati, roedd hi'n siŵr.

Ond pan ddaeth Gerard i alw amdani fore trannoeth, fe syllodd arni'n werthfawrogol.

"Dyna ffrog bert," meddai. "Os maddeuwch imi am ddweud, roeddech chi'n edrych fel merch ysgol ddoe. Rŷch chi wedi tyfu'n fenyw dros nos!"

Dyn henffasiwn, meddai Medi wrthi'i hun. Oedd dynion Malta i gyd yr un fath, tybed? Ond wedyn fe ddysgodd nad dyn henffasiwn oedd Gerard, ond piwritan Catholig. Ai'r un peth oedd hynny? Wrth borth Cadeirlan Sant Ioan, un o ryfeddodau mawr Valletta, craffodd Gerard arni eto.

"Perffaith," meddai. "Mae 'na ferched sy'n cael eu hatal rhag mynd i mewn i'r eglwys am nad ydyn nhw wedi'u gwsigo'n addas. Ysgwyddau noeth, coesau noeth – rhyw bechodau felly. Fyddech chi ddim wedi cael mynd i mewn ddoe, ond heddiw does 'run offeiriad yn mynd i'ch atal chi. Does gyda chi ddim ar eich pen, ond fe gynigian nhw gadach sidan ichi."

"Dim angen," meddai Medi.

Estynnodd ei sgarff sidan o'i bag a'i chlymu am ei phen.

"Yn barod am bob anhawster," ychwanegodd. "Dw i wedi bod mewn gwledydd Pabyddol o'r blaen, wyddoch chi."

Roedd ei llais yn bigog, fe wyddai. Roedd y dyn yma'n ormod o sgwlyn. Roedd ei thymer ddrwg yn dechrau aflonyddu eto. Nes iddi gerdded i mewn i'r eglwys. Cyn gynted ag y dyrchafodd ei llygaid i'r nenfwd fe ddaliodd ei hanadl. Crebachodd ei thymer ddrwg yn ddim.

Roedd y nenfwd cromennog wedi'i orchuddio â lluniau olew-ar-garreg, a'r rheini'n amlwg yn adrodd stori.

Plygodd Gerard ei ben a sibrwd mai hanes Ioan Fedyddiwr oedd y stori, a bod yr arlunydd Preti wedi treulio pum mlynedd hir wrth y gwaith. O'r nenfwd crwydrodd llygad Medi draw at yr allor fawr. Yr hyn a dynnodd ei sylw yn y fan honno oedd y chwe channwyll hir.

"Y canhwyllau acw," sibrydodd wrth Gerard. "Mor uchel, mor syth…"

Gwenodd Gerard arni, a theimlodd Medi'r wên honno'n ymgripian i lawr i'w pherfedd. Aeth Gerard â hi ar hyd corff yr eglwys at y gangell, gan ddangos iddi'r gwaith marmor ac arian a lapis-laswli yn yr allor, a'r llun o fedydd Iesu Grist y tu ôl iddi. Synhwyrodd Medi'r parch defosiynol yn sibrwd ei chydymaith. Pabydd mawr, yn siŵr, meddyliodd.

Cyn ymadael, aeth Gerard â hi trwy'r capelau yn ystlysau'r eglwys. Bu agos iddi neidio o'i chroen yn y Tŷ Gweddi pan welodd y paentiad anferth *Dienyddio Sant Ioan Fedyddiwr* o waith Caravaggio. Un o'i hoff arlunwyr! Dododd Gerard ei fys ar ei wefus, i'w hatgoffa i beidio â chodi'i llais yn yr eglwys. Yna fe wenodd y wên annwyl eto, a'i harwain i Gapel y Sagrafen Fendigaid, y capel yr oedd ei sgrin a'i gatiau o arian pur, arian a baentiwyd yn ddu i dwyllo'r milwyr Ffrengig a reibiodd yr eglwys ym 1798.

Wedi gweld y Brifeglwys, doedd dim awydd ar Medi

weld dim arall y diwrnod hwnnw. Ond fe fynnodd Gerard ei llusgo o gwmpas Valletta a cheisio dangos popeth iddi: Palas yr Archfeistri a'r Arfdy, yr Amgueddfa Archaeolegol, y ceyrydd tywodfaen mawr ar lan y môr, Eglwys San Pawl, Tŷ'r Senedd – popeth. Bu'n rhaid i Medi brotestio yn y diwedd.

"Dw i wedi blino, Gerard."

Edrychodd Gerard arni'n ddwys, yn edifeirwch o'i gorun i'w wadnau. Daeth llifeiriant o ymddiheuro ohono.

"Sut y gallwch chi faddau imi? A finnau'n meddwl, gan fod eich amser chi ym Malta mor brin, y dylech chi weld popeth gwerth ei weld. Mi anghofiais mai merch oedd gyda fi –"

"Merch!" ffromodd Medi. "Pam merch? Fe fyddai'r gwryw cryfa o wledydd oer y gogledd wedi ymlâdd ar ôl cerdded cymaint yn y gwres 'ma a gweld a chlywed cymaint!"

Tybed a sylweddolodd Gerard Minelli ei fod yn siarad â ffeminydd o argyhoeddiad? Neu a oedd ffeminyddion y tu allan i'w fyd? Sylweddoli neu beidio, dim ond edifeirwch oedd ar ei wyneb glandeg o hyd.

Daeth dydd Mercher.

"Archaeoleg heddiw," cyhoeddodd Gerard pan ddaeth i alw amdani.

"Oes eisiau imi brynu caib a rhaw?" pryfociodd Medi.

Gerard yntau'n ffugio edifeirwch.

"Mae'n ddrwg gen i, Medi. Rwy'n ofni bod y gwaith caib a rhaw wedi'i wneud. Does dim byd ar ôl i chi ond edrych – a rhyfeddu, gobeithio. A chyda llaw, fe allwch chi deimlo'n oer yn rhai o'r safleoedd tanddaear. Gwell ichi wisgo rhywbeth cynhesach."

Aeth Medi'n ôl i'w hystafell a newid i'r trywsus a'r siwmper wlân yr oedd wedi'u gwthio i'w chês rhag ofn i'r awyr oeri gyda'r nos.

"Wel, wel," meddai Gerard yn edmygus, "wnes i ddim meddwl y gallai merch fod mor olygus mewn trywser!"

Cadwodd Medi'r ffrwyn yn dynn ar ei thymer ddrwg. Piwritanaidd neu beidio, roedd y Gerard yma'n ddyn hoffus iawn. Ond beth wyddai hi amdano? Hyd yma, y nesa peth i ddim. Daeth cyfle i'w holi yn Hamrun.

Stopiodd Gerard ei Seat bach melyn yn y dref honno. Brysiodd o'r car, a gwelodd Medi ef yn diflannu trwy ddrws siop. Siop offer trydanol. Roedd Gerard wedi galw mewn siopau tebyg mewn ambell bentre y diwrnod cynt.

"Mae gynnoch chi ddiddordeb mewn siopau trydan, yn amlwg," meddai wrtho pan ddychwelodd i'r car.

"Siopau caledwedd," atebodd Gerard.

Daeth ffrwd o eglurhad. Busnes cyfanwerthu oedd gan deulu Gerard. Yn enw'i fam yr oedd y busnes; roedd ei dad wedi marw ers rhai blynyddoedd. Roedd ei ddau frawd a'i ddwy chwaer ac yntau yn gweithio yn y busnes, a'i waith ef oedd mynd o gylch siopau Malta i gasglu archebion.

"Pa fath o archebion?" gofynnodd Medi.

"Unrhyw beth o dŷ gwydr i wniadur."

"Roeddwn i'n meddwl eich bod chi ar wyliau yr wythnos yma."

"Dydw i byth yn cymryd gwyliau," meddai Gerard. "Rydw i'n un o ddynion ffodus y ddaear. Rwy'n gallu gwneud 'y ngwaith a hebrwng merch ifanc bert o gwmpas Malta yr un pryd."

"Nid mor ifanc, rwy'n ofni," ochneidiodd Medi.

"Dyna ni'n dau yn yr un cwch, felly." Gwenodd Gerard arni.

Sylwodd Medi fod Gerard yn gyrru'n ôl i gyfeiriad Valletta, ond wnaeth hi ddim gofyn pam. Glynodd yn dynnach yn ei sedd, gan dybio'i bod yn ddiogelach felly. Roedd y Gerard 'ma'n yrrwr gwyllt, a ffyrdd Malta mor gul a sbonclyd ac yn gerbydau i gyd. Ymnyddodd y Seat trwy strydoedd gorlawn Valletta, heb arafu nes cyrraedd safle dawel iawn ar y cyrion.

"Glywsoch chi am yr *hypogeum*?" gofynnodd Gerard.

Do, fe glywsai Medi'r enw.

"Pan oedd eich hynafiaid chi yng Nghymru yn gwisgo crwyn ac yn cysgu mewn ogofâu, roedd y Malteaid yn adeiladu rhyfeddodau fel hwn. Dewch."

Arweiniodd Gerard hi i lawr grisiau troellog i stafell dywyll dan ddaear. O'r munud cynta teimlodd Medi gryd oer yn gafael ynddi. Ond doedd hi ddim yn oer yma, er bod y tymheredd yn is nag ydoedd ar strydoedd Valletta. Seicolegol, yn hytrach, oedd yr oerni, fel petai ysbrydion yr adeiladwyr, bum mil o flynyddoedd yn ôl a mwy, wedi'u fferru yn y muriau anferth o'i chwmpas, wedi'u caethiwo yn y stafelloedd hirgrwn a naddwyd o'r graig heb na chaib na rhaw, dim ond bwyeill o garreg ac ewinedd noeth. Ond doedd Gerard ddim yn fodlon. Mynnodd fynd â hi i lawr rhagor o risiau i stafelloedd is, ac i stafelloedd is na'r rheini wedyn.

Cynyddodd y cryd oer yn esgyrn Medi, a sylweddolodd ei bod yn crynu'n ddireolaeth. Petai Rhodri yma efo hi fyddai hi ddim yn crynu fel hyn, neu o leia fe fyddai Rhodri wedi tynnu'i siaced ei hun a'i rhoi am ei hysgwyddau. Cyn gynted ag y meddyliodd hynny, teimlodd fraich

Gerard am ei hysgwyddau.

"Medi, rŷch chi'n crynu! Rŷch chi'n oer –"

"Na…ddim yn oer…"

"Oes ofn arnoch chi?"

"Na…dim ofn chwaith…heblaw ofn Hanes…"

"Dw i ddim yn deall."

Roedd yn rhaid i Medi feddwl yn uchel tra oedd hi'n siarad.

"Mae darllen am Hanes yn rhoi pleser mawr iawn i mi," meddai hi drwy'i chryndod. "Ac edrych ar luniau a ffilmiau hanesyddol. Ond mae sefyll yng nghanol Hanes, 'i deimlo fo â 'mysedd…mae hynny'n codi arswyd." Petrusodd. "Wrth…wrth edrych ar y muriau trwchus 'ma, dw i'n teimlo'r bobol adeiladodd nhw…'u bod nhw yma o hyd o'n cwmpas ni –"

"Amhosibl. Maen nhw wedi marw ers pum mil o flynyddoedd."

"Ond pwy oedden nhw, Gerard? 'Bu hefyd rai heb fod coffa amdanynt…y rhai y darfu amdanynt, ac a aethant fel pe nas ganesid hwynt…a'u plant ar eu hôl hwynt…' " Yn Gymraeg yr adroddodd hi'r adnodau, a Gerard yn craffu'n fanylach arni, heb ddeall. Rhoddodd grynodeb o'r adnodau yn Saesneg. "A'u plant…y rheini wedi marw hefyd, a chenedlaethau lawer wedyn, wedi marw, a ninnau ddim yn gwybod pwy oedden nhw…Dyna sy'n codi ofn arna i."

"Dw i ddim mor ddeallus â chi, Medi. Ond dw i ddim yn hoffi'ch gweld chi'n crynu, ta beth yw'r rheswm."

Tynnodd Gerard ei siaced a'i rhoi am ei hysgwyddau hi.

"Rhag ofn taw oerni yw'r rheswm wedi'r cwbwl."

Yna roedd Gerard wedi gafael yn ei llaw chwith, ac yn edrych arni.

"Dim modrwy briodas," meddai. A disgwyl iddi egluro. Ddywedodd hi ddim. Aeth Gerard yn ei flaen: "Mae 'na wragedd priod yn dod yma ar wyliau, ac yn tynnu'u modrwy briodas ar ôl cyrraedd, er mwyn i ddynion Malta feddwl eu bod nhw'n sengl. Alla i ddim meddwl rywffordd eich bod chi'n un o'r rheini."

"Na. Dw i ddim yn briod," meddai Medi. Oedd hynny'n beth peryglus i'w gyfadde?

"Neb wedi gofyn ichi'i briodi?"

"Ddim eto." Cofiodd rŵan am Rhodri.

"Beth sy'n bod ar fechgyn Cymru?"

Teimlodd Medi fod Gerard yn mynd i roi'i freichiau amdani a'i thynnu ato'n dynn. A'i chusanu, hwyrach. Ac...ffieiddiodd ei hun...fe fyddai hynny'n bleserus, hyd yn oed yn y siambr danddaearol ofnadwy yma.

Ond nid dyna wnaeth Gerard. Yn wir, ni wnaeth ddim ond dweud yn ei lais busnes, "Fe awn ni odd'ma. Fe gerddwn ni i Tarxien (rhywbeth fel 'Ta-shîn' a ddywedodd Gerard). Mae'r temlau fan honno yn yr haul, ta beth."

Dilynodd Medi'r corff cyhyrog i fyny'r grisiau troellog ac allan i'r haul.

Drannoeth, ddydd Iau, roedd y Seat bach melyn yn disgwyl amdani unwaith eto y tu allan i'r gwesty, a Medi wedi gwisgo'i ffrog gotwm flodeuog am fod Gerard wedi gofyn iddi wneud, wrth ffarwelio â hi y noswaith cynt.

"Achos fe fyddwn ni'n mynd i Rabat, i 'nghynefin i fy hunan. Fe garwn ichi edrych yn dda."

Pam, doedd Gerard ddim wedi dweud. Ac ar hyd yr

wyth milltir droellog o Valletta i hen dref Rabat ni soniodd air arall am ei gwisg.

Yr arwydd cyntaf a gafodd Medi fod heddiw'n mynd i fod yn wahanol oedd gweld Gerard yn mynd at stondin flodau ar sgwâr Rabat ac yn dewis tusw o lilis gwynion. Talodd i'r ferch ifanc y tu ôl i'r ford, a daeth yn ôl at y car.

"Maen nhw'n dlws iawn," meddai Medi.

"Dw i'n cytuno!" Gwenodd Gerard. Ond doedd y direidi nodweddiadol ddim yn y wên honno.

Parciodd y Seat ar fin un o'r strydoedd prysur.

"Fe gaiff lonydd fan hyn," meddai. "Nawr, coffi."

Ar ôl y coffi, bu'n rhaid gwneud y pethau y bydd ymwelwyr yn eu gwneud yn Rabat. Rhaid mynd i mewn i Eglwys Sant Paul ar fin y sgwâr i'w hedmygu, ac yna i'r ogof y llechodd yr hen sant ynddi am y tri mis y bu'n rhaid iddo'u treulio ym Melita – fel y gelwid yr ynys y pryd hwnnw – wedi'r llongddrylliad ar draeth creigiog Bae San Pawl. Wedi hynny i'r *catacombs*, y daeargelloedd – brawychus i Medi – lle y claddwyd miloedd o Gristnogion cynnar yr ynys.

"Ar ôl hynna, ychydig o awyr iach," dyfarnodd Gerard.

Ar y sgwâr roedd dau neu dri o gerbydau ysgafn a dynnid gan geffylau. Brasgamodd Gerard at un o'r cerbydau a siglo llaw'n gynnes â'r dyn ifanc oedd yn sefyll yn ei ymyl, yn disgwyl. Disgwyl am gwsmeriaid o ymwelwyr, bid siŵr.

"Dyma Marco," meddai Gerard wrth Medi. "Roedden ni yn yr ysgol gyda'n gilydd. Mewn â chi i'r *karrozzin*. Rŷn ni'n mynd am drip."

Ar sedd y cerbyd, wrth wylio pen ôl y merlyn yn codi ac yn gostwng yn rheolaidd wrth duthio o'u blaen, dywedodd Medi'n sydyn, "Mae hyn yn f'atgoffa i."

"O beth, Medi?"

"Stori ddarllenais i flynyddoedd yn ôl. Am fachgen ym Malta oedd wedi etifeddu cerbyd fel hwn ar ôl ei dad. Beth oedd enw'r bachgen hefyd? Toni...Toni Azzopardi, dyna fo."

"Stori Saesneg?"

"Nage, stori Gymraeg. Mae 'na Gymry Cymraeg sy'n crwydro'r byd hefyd, wyddoch chi. Ydych chi'n cofio'r rhyfel?"

"Nac ydw. Y flwyddyn ar ôl i'r rhyfel orffen y ces i 'ngeni."

"Wel, pan oeddech chi yn 'ych crud roedd Cymro ifanc yma ym Malta, yn y fyddin. Un o'n beirdd ni – T.Glynne Davies. A thra oedd o yma fe sgrifennodd lyfr o storïau, *Cân Serch*. Yn hwnnw mae'r stori am y bachgen a'r...'gharri' oedd y cerbyd yn y stori. Nid eich gair chi?"

"*Karrozzin*. Yr un peth."

Roedd y *karrozzin* hwn yn cyflymu, beth bynnag. Cydiodd Medi yn ochor y cerbyd i'w sadio'i hun.

"Rŷch chi'n berffaith ddiogel, Medi. Mae Marco'n ddigon gofalus."

Byddai'n dda gan Medi fod yr un mor hyderus. Doedd fawr ddim i'w chadw rhag disgyn yn bendramwnwgl i'r stryd. A rŵan fe drodd y cerbyd i lawr rhiw byr a thrwy borth.

"Porth Mdina," meddai Gerard. "Rŷn ni yn hen brifddinas Malta. Ond nid *karrozzin* cyflym yw'r ffordd orau i weld Mdina."

Nid arafodd Marco fawr ddim yn yr hen strydoedd culion. Yn ffodus, doedd fawr neb yn cerdded yno. Tynnodd Gerard sylw at ddrysau urddasol y tai a'u cnoceri mawr o bres neu haearn gyr, ac egluro mai hen aristocratiaid yr ynys oedd yn byw yma. Ganddyn nhw'n unig yr oedd yr hawl i gadw moduron ym Mdina. 'Y Ddinas Ddistaw' y gelwid hi, ac roedd y preswylwyr yn awyddus i'w chadw felly.

Arafodd y *karrozzin* i roi lle i gar bach 'aristocrataidd' ei basio, a chafodd Medi amser i ddarllen rhybudd ar un o'r drysau mawr. Dim croeso yma i Dystion Jehofa, meddai'r rhybudd hwnnw. Edrychodd hi ar Gerard, a sylwi eto fod ei wên yn ddwys.

Ar hyd Heol Villegaignon, stryd fawr yr hen ddinas, i'r sgwâr eang lle'r oedd Prifeglwys Sant Ioan, un o ddwy Brifeglwys yn Valletta. Dwy fagnel haearn hynafol ar y palmant o'i blaen, dau glochdy uchel ar ei phen – creiriau cymysg ei hanes hi. O bell gwelodd Medi nifer o bobl yn cael te ar un o'r muriau uchel.

"Gardd de," meddai Gerard. "Os down ni yma eto fe awn ni yno am ddiod."

Byddai cwpanaid o goffi'n nefolaidd rŵan, meddyliodd Medi. Ond fe gadwodd ei meddwl iddi'i hun. Cael cyrraedd sgwâr Rabat eto, a dianc o'r cerbyd gwyllt yma – dyna'r peth gorau i gyd.

Ar sgwâr Rabat fe welodd Gerard yn talu i Marco, a hwnnw'n edrych yn fodlon iawn.

"Rhaid i mi gael talu am *rywbeth*," meddai hi pan oedden nhw'n croesi'r sgwâr, gan agor ei phwrs.

"Gadewch chi'r busnes i mi," atebodd Gerard yn fwynaidd ond yn gadarn. "Mae Marco'n rhoi disgownt eitha hael i hen gyfoedion ysgol. Fe fyddai'n rhaid i dwrist fel chi dalu tipyn yn rhagor." Edrychodd ar ei oriawr. "Mae'n tynnu at amser cinio. Ond mae un peth gen i i'w wneud eto, a gwell imi wneud hwnnw ar unwaith cyn i'r blodau wywo yn y car."

Pa ddirgelwch newydd oedd ganddo rŵan, tybed?

dyfalodd Medi.

Eisteddodd y ddau yn y Seat. Gyrrodd Gerard cyn belled â chyrion y dref, ac aros o flaen llidiardau haearn uchel. Yr ochor arall i'r rheini gwelodd Medi gannoedd o gerrig beddau.

Mynwent. Lle rhyfedd i ddod ag ymwelydd ar wyliau, meddyliodd hi.

Estynnodd Gerard y tusw lili oddi ar y sedd gefn.

"Fe garwn ichi ddod gyda fi." Edrychodd arni'n ddwys. "Ddewch chi?"

Roedd rhyw daerineb newydd yn ei lais a'i lygaid. Teimlodd Medi nad oedd ganddi ddewis. Mynd oedd raid, heb wybod pam.

Cerddodd Gerard ar hyd llwybr canol y fynwent, ac wedyn troi i'r chwith. Wedi igam-ogamu rhwng nifer o feddau, safodd yn ymyl carreg wen. Plygodd i osod ei dusw o lilis gwynion yn ddefosiynol ar y bedd. Yna aeth ar ei liniau, plygu'i ben a gwasgu'i ddwylo at ei gilydd. Gwyliodd Medi'r symudiadau hyn â pheth syndod, yna clywodd Gerard yn murmur rhyw eiriau. Gweddi, efallai. Arhosodd nes iddo orffen murmur a chodi ar ei draed. Yna mentrodd ato, ac edrych ar y garreg fedd.

Roedd y geiriau ar y garreg yn bur ffres, fel petaen nhw wedi'u torri'n ddiweddar. Medrodd ddarllen yr enw, 'Melissa Tabone'.

" 'Y nghariad i oedd hi," meddai Gerard. "Roedden ni'n mynd i briodi, ond ddeufis cyn y briodas fe drawyd Melissa'n wael. Roedd y meddyg yn dod bob dydd, a'r offeiriad. O'r diwedd fe aed â hi i Ysbyty Sant Luc yn Valletta. Ond doedd dim y medren nhw'i wneud. Roedd parch mawr iddi yn y dre 'ma; roedd hi'n eneth dda, ac fe gafodd angladd mawr."

Sylwodd Medi fod Gerard yn craffu arni.

"Rŷch chi'n debyg iawn iddi, Medi. Roedd 'ych gweld chi yn Valletta yn sioc i mi. Mi feddyliais am eiliad mai hi oeddech chi, mai wedi cael hunllef ofnadwy roeddwn i, nad oedd Melissa ddim wedi marw wedi'r cwbwl."

Ar ôl saib ingol, gofynnodd Medi mewn llais bychan, ofnus, "Oes llun o Melissa gynnoch chi?"

Tynnodd Gerard ei waled o'i boced frest, a thynnu llun lliw ohoni. Astudiodd Medi'r llun. Gwir, roedd rhyw debygrwydd rhwng yr wyneb yn y llun a'i hwyneb hi – lliw a thoriad y gwallt, y llygaid duon, maint y trwyn, ffurf yr ên. Ond fedrai hi ddim gweld sut y gallai neb ei chamgymryd hi am y ferch hon, oni bai'i fod yn chwilio'n daer am debygrwydd.

Teimlodd fod disgwyl iddi ddweud rhywbeth. Ond beth? Doedd ei meddwl hi ddim yn gweithio'n iawn ar ôl yr ysgytiad yna. Byddai mor hawdd dweud rhywbeth anffodus, a pheri loes.

Fe'i harbedwyd, fodd bynnag, pan ddywedodd Gerard, "Rhaid inni gael bwyd. Mae ffrind imi'n cadw tŷ bwyta yng nghanol y dre. Dowch, Medi fach, fe awn ni i weld beth sy ganddo i'w gynnig heddiw."

Ffrind arall! Roedd gan y dyn ffrindiau ym mhobman.

Roedden nhw yn y tŷ bwyta mewn chwinciad, yn cael croeso brwd. Wrth fwyta, dywedodd Gerard, "Mi garwn fynd â chi adre i gwrdd â Mam. Ond mae hi wedi mynd i Sliema i helpu i ofalu am ei brawd sy'n wael. Mae'n bosib y bydd y lleill yno, yn ôl ac ymlaen o'r gwaith. Ond eisiau ichi gwrdd â Mam oedd arna i."

Diolch byth, meddyliodd Medi. Os oedd Gerard yn bwriadu iddi gymryd lle Melissa druan mor fuan â hyn, roedd o'n camu'n bur fras. Ac os oedd rhaid iddo gael barn ei fam arni cyn dechrau'i charu o ddifri, doedd ei galon ddim wedi dechrau cynhesu. Pellter hyd braich oedd ddoetha ar hyn o bryd.

Bu gweddill y diwrnod yn flinderus. Cerdded i Mdina a chrwydro'i strydoedd hynafol, a the – fel yr oedd Gerard wedi addo – yn yr ardd de ar y muriau. Wedyn tro hir o gwmpas Rabat ei hun. Wedi'r holl gerdded daeth Medi'n ymwybodol o bothell ar ei sawdl dde. Allai hi gerdded dim rhagor nes byddai wedi gorffwys. Aeth Gerard i nôl y Seat ar unwaith, a mynd â hi'n ddi-oed i'w gwesty yn Valletta. Roedd o'n ddyn meddylgar, o leiaf. Doedd dim gormod o ddynion felly i'w cael yn y byd heddiw.

Dim ond un diwrnod o'r gwyliau oedd ar ôl. Ac roedd Gerard wedi cynllunio'r diwrnod, wrth gwrs.

"Rhaid imi fynd â chi i Gozo. Rydw i wedi trefnu lle inni ar gwch fferi. Dwi'n nabod y capten yn dda."

Oedd, wrth gwrs. Un arall o'i lu ffrindiau, debyg iawn.

Wedi'r dyddiau o gerdded chwyslyd roedd y fordaith fer i'r chwaer-ynys yn amheuthun. Y cyfan roedd angen i Medi'i wneud oedd eistedd yn ôl yn ei chadair liain, sugno'r awyr ffres i'w hysgyfaint, a gwrando. Gwrando ar y llais dwfn yn ei hymyl yn murmur ffeithiau am ynys Gozo. Roedd Gozo'n llai na Malta, yn mesur dim ond naw milltir wrth bedair, a'i phoblogaeth yn llai na deng mil ar hugain. Roedd ei daear yn lasach, yn garedicach i'r llygad na phridd a meini browngoch diddiwedd Malta.

"Cofiwch, dw i ddim yn lladd ar f'ynys fy hunan."

"Nac ydych, wrth gwrs. Ond 'pleidiol wyf i'm gwlad,' fel mae'n hanthem genedlaethol ni'n dweud. Yr un wlad ydi Malta a Gozo, yntê?"

"Rhaid imi gofio 'mod i'n siarad â merch ddeallus," murmurodd Gerard.

"Peidiwch â seboni."

Er difyrred fu'r diwrnod ar ynys Gozo, y profiad mwyaf cofiadwy oedd dychwelyd i ynys Malta ar ddiwedd y dydd. Roedd yr haul ar fachlud yn taflu llwybr o dân ar draws y dŵr ac yn cynnau ceyrydd a chromenni Valletta'n aur tanbaid. Nawr roedd y cwch yn llithro i mewn i'r Harbwr Mawr, a Medi'n synfyfyrio ar y llongau masnach a'r llongau gwyliau ar y dde ac ar y chwith. Y tu draw i'r rheini gorffwysai llongau pleser y cyfoethogion.

"Edrychwch," meddai Gerard. "Welwch chi ddim byd mwy nodweddiadol o Malta na'r *luzzu*, y cychod pysgota acw."

Edrychodd Medi ar y cychod a beintiwyd yn goch a melyn, gwyrdd a glas, yn siglo ar donnau cynnil yr harbwr. Fe fuasai'n hwyl mynd ag un ohonyn nhw adre i Gymru; fe fyddai lwtsw lliwgar yn ddigon cartrefol ymhlith yr ychydig gyryglau a oedd ar ôl ar ddyfroedd Tywi a Theifi.

"Dyma awr orau'r wythnos i gyd," ochneidiodd.

Rhoddodd Gerard ei fraich am ei chanol, a'i gwasgu'n ysgafn. Wnaeth hi ddim osgo i symud ei fraich nac i'w rhyddhau'i hun. Roedd y teimlad yn bleserus iawn.

"Dw i'n gobeithio nad yw Malta ddim wedi'ch siomi chi," murmurodd Gerard.

"Dim o gwbwl."

"Garech chi fyw yma?"

Beth sy tu ôl i gwestiwn fel'na, tybed? dyfalodd Medi.

"Mi fedra i feddwl am lefydd gwaeth," meddai'n sychlyd.

"Cymru, er enghraifft?"

Edrychodd Medi i'w wyneb a gweld y direidi yn ei lygaid.

"Mi allwn i'ch bwyta chi am ddweud peth fel'na," meddai.

"Mae 'nghnawd i braidd yn wydn, cofiwch. Ond mae arna i eisiau diolch ichi, Medi."

"Am beth?"

"Rŷn ni'n nabod ein gilydd ers pum diwrnod, ond wnaethoch chi mo 'ngwahodd i i'ch stafell yn y gwesty. Ddim unwaith. Mae 'na ferched o ymwelwyr sy'n gwneud pethau felly; merched dibriod a'r gwragedd priod sy'n tynnu'u modrwy briodas – mi soniais am y rheini o'r blaen. Cyn gynted ag y gwelan nhw ddyn ifanc o'r ynys 'ma mae'u perfedd nhw'n twymo ac maen nhw'n colli pob rheolaeth. Ond dw i wedi teimlo'n ddiogel gyda chi."

"Rhaid cael dau i wneud diogelwch." Roedd Medi hefyd wedi difrifoli. "Ga innau gyfadde rhywbeth? Pan welais i chi gynta roeddwn i'n ofni mai *gigolo* oeddech chi. Mae 'na wrywod felly i'w cael hefyd, cofiwch, yn y gwledydd gwyliau 'ma – dynion ifanc golygus sy'n cynnig bodloni merched yn y gwely am dâl. Ond mi welais nad oeddech chi ddim yn un o'r rheini."

"I'r Tad Francesco mae'r diolch," meddai Gerard. "Mae ofn y dyn hwnnw arna i."

"Prun bynnag," aeth Medi yn ei blaen, "fel rydych chi wedi aros yn driw i Melissa, roedd rhaid i mi fod yn driw i Rhodri." Wn i ddim pam, chwaith, meddai wrthi'i hun. Ydi *o*'n driw i mi yn Blackpool, tybed? Ydi, mae'n siŵr. Dydi o ddim yn garwr mawr. Doedd dim rhaid i Gerard ofyn pwy oedd Rhodri. Roedd hi wedi sôn amdano o'r blaen.

"Gan ein bod ni'n dau wedi bod yn blant da ar hyd yr wythnos, dw i'n meddwl y galla i roi cusan diwair ichi cyn ffarwelio," meddai Gerard.

"Dw i'n credu y dylech chi," meddai Medi.

Fe barhaodd y cusan yn reit hir. Yn ddigon hir i beri

anesmwythyd i Medi. Roedd y cusan yn rhy dda; yn well, ysywaeth, na chusanau Rhodri.

"Mae'r cwch wedi glanio, Gerard. Mae'n well inni fynd."

"Mi fydda i'n mynd â chi i'r maes awyr bore fory. Fe fydd 'y nghar i wrth y gwesty am chwarter i chwech."

"Y daith ola yn y Seat bach melyn," ochneidiodd Medi.

Fore Sadwrn fe gadwodd Gerard ei air, wrth gwrs. Roedd y Seat o flaen gwesty Medi am chwarter i chwech, a chipiwyd hi i faes awyr Luqa mewn da bryd. Roedd yn rhaid bod yno ddwyawr cyn i'r awyren gychwyn. Arhosodd Gerard gyda hi trwy gydol y ddwyawr.

Pan ddaeth yr alwad i'r teithwyr fynd drwodd i'r lolfa ymadael, gafaelodd Gerard yn ei dwy law a gofyn, "Ydych chi'n benderfynol o fynd, Medi? Dyw hi ddim yn rhy hwyr ichi newid eich meddwl."

Roedd Medi wedi bod ar y groesffordd hon drwy'r nos. Wrth bacio, ac wedyn yn ei gwely, roedd hi wedi hir ymarfer y dadleuon o blaid ac yn erbyn aros a mynd.

"Rhaid imi fynd, Gerard, neu mi eith yr awyren hebdda i. Maen nhw wedi galw'r ail waith."

"Os ych chi'n benderfynol o fynd adre nawr, ddewch chi 'nôl i Malta?"

Ar flaen tafod Medi roedd 'Dof', ond yr hyn a ddywedodd oedd, "Mi feddylia i am y peth. Gwnaf, o ddifri –"

"Medi –"

Daeth yr alwad o'r cyrn siarad y drydedd waith, yn daerach y tro hwn.

"Clywch, Gerard. Does dim amser i siarad rŵan. Rydan ni wedi cyfnewid cyfeiriadau a rhifau ffôn. Mi ffonia i chi ar ôl cyrraedd adre, ac mi sgrifenna i atoch chi wedyn, cyn gynted ag y medra i, i ddiolch ichi am bopeth. Mae gen i bentwr o waith diolch!"

Heb oedi i feddwl, estynnodd ei cheg a chusanu Gerard ar ei foch. Estynnodd yntau'i freichiau i afael ynddi, ond roedd hi wedi codi'i bagiau ac wedi mynd. Hi oedd yr olaf i fynd trwy'r drws.

Ar yr awyren, prin y sylwodd Medi eu bod yn hedfan trwy storm o fellt. Roedd yr *Air Malta*'n ysgrwtian o dro i dro, a rhai o'r teithwyr yn edrych yn bryderus ar ei gilydd. Ond ni chynhyrfodd Medi ddim. Nid am fod ganddi natur ddigynnwrf, ond am fod ei meddwl yn llawn o bethau eraill. O'r blaen, bob tro y byddai'n hedfan – hyd yn oed pan fyddai Rhodri'n eistedd wrth ei hochr – byddai bron yn sâl gan bryder. Mewn argyfwng, a fedrai hi gofio dril y siaced achub? Beth petai'r peilot yn cael trawiad ar ei galon? Beth petai un o'r adenydd yn cwympo i ffwrdd? Faint o ffordd oedd rhyngddyn nhw a'r ddaear?

Ond heddiw, roedd pryder yn amherthnasol. Roedd y groesffordd yn ei dilyn trwy'r awyr. Yma, yn yr entrych rhwng Malta a Chymru, rhwng Gerard a Rhodri, yr unig beth o bwys oedd medru dewis. Fe allai ei chysur am weddill ei bywyd ddibynnu ar ei dewis.

Doedd arni ddim eisiau dewis. I ferch fel hi, ar drothwy canol oed, roedd dewis fel hwn yn anodd. A gwaeth na hynny, yn niwsans. Pan oedd bywyd dynes yn llifo'n ddidramgwydd ac yn ddigon cysurus, fe ddôi rhyw ddynion i wthio'u trwynau iddo a'i droi â'i ben i waered, gan dybio na allai menyw wneud dim heb eu hwsmonaeth hollalluog nhw. A dyma ddau wedi'u gwthio'u hunain i'w bywyd, a hithau'n gorfod dewis rhyngddyn nhw.

Petai'r awyren yma'n ffrwydro ac yn plymio i'r ddaear, byddai'n gwneud cymwynas â hi. Fyddai dim rhaid iddi ddewis wedyn.

I Gerard, yn wahanol i Rhodri, roedd yn rhaid i garwriaeth arwain i briodas.

Gwelodd Medi ei hun yn heneiddio mewn tŷ ar fin stryd ym Malta, a fflyd o blant mân o gwmpas ei thraed: ei hwyrion, yn bur debyg, y rhai hynaf yn gweiddi ar ucha'u llais a'r rhai lleiaf yn dal yn eu cewynnau, y clytiau drycsawrus y byddai'n rhaid iddi hi eu newid bob hyn a hyn. Bore Sul, a hithau'n gorfod cael y fflyd annosbarthus yn barod i fynd i'r eglwys, am fod Gerard yn mynnu bod yn rhaid i bawb fynd. A hithau'n Babyddes, ar ôl ieuenctid hir o beidio â chredu mewn dim, yn gorfod credu mewn rhyw bethau fu unwaith yn ofergoelion iddi hi. Ac yn siarad *Malti*, wrth gwrs, fel pawb o'i chwmpas.

Tebyg na fyddai *Malti* ddim yn hawdd ei dysgu. Hen, hen iaith, hŷn na'r Gymraeg o bosib, chwaer-iaith i Arabeg. Ond ei dysgu fyddai raid. Ac wedi hanner oes ym Malta fe fyddai wedi anghofio'i Chymraeg, ac yn gweddïo na ddôi neb o'i theulu na'i ffrindiau o Gymru i edrych amdani, rhag iddi godi cywilydd arnyn nhw.

Doedd hi ddim yn credu y gallai berswadio Gerard i ddod i Gymru i fyw. Hynny fyddai'n dda; ei gael i Gymru a'i wneud yn Gymro Cymraeg. Ond roedd hi'n rhyw feddwl bod traed Gerard Minelli'n rhy glwm wrth ddaear dywodlyd ei ynys i'w dynnu oddi yno byth.

Rhodri amdani, felly, a pharhau'r garwriaeth lac oedd eisoes wedi para am bedair blynedd. I Rhodri, cost ddi-alw-amdani oedd priodi: rhyw hylabalŵ o ddiwrnod, seremoni nad oedd yn golygu dim, a pherthynas drafferthus wedyn â theulu-yng-nghyfraith busneslyd.

Fflachiodd darlun arall o flaen ei meddwl. Ei gweld ei hun ymhen rhyw awr a hanner yn cyrraedd maes awyr Caerdydd. Rhodri'n dod i'w chyfarfod fel roedd wedi addo, ond yn cerdded braidd yn araf ar hyd llawr y neuadd ddisgwyl, a merch ddiarth wrth ei ochr: merch a gyfarfu yn Blackpool.

Hithau, Medi, yn troi'n ôl yn syth at y ddesg ymholiadau, ac yn gofyn, 'Pryd mae'r plên nesa i Malta?'

Clywodd lais y capten yn cyhoeddi eu bod yn hedfan dros ynys Elba. Roedd hi wedi bod yn awyddus ers blynyddoedd i gael cip ar Elba, lle bu'r Napoleon mawr yn breuddwydio breuddwydion ac yn deor ei gynlluniau i adennill Ffrainc ac ailfeddiannu Ewrop. Dyma'i chyfle i gael y cip hwnnw. Gwyrodd ymlaen i weld. Ond roedd hwdwch o ddyn mawr tew yn eistedd rhyngddi a'r ffenest, yn cysgu'n drwm. Gwell peidio â'i ddeffro rhag ofn ei fod yn un siaradus.

Fel'na roedd hi – rhyw ddynion ar y ffordd o hyd. Wel, boed felly. Rhyw fymryn o ynys oedd Elba, prun bynnag. Fe fuasai'n well i Napoleon petai heb ei gweld hi erioed. Ei freuddwydion ar ynys fach Elba a'i harweiniodd i'w farwolaeth ar ynys lai fyth St Helena. Yn annisgwyl, fe gododd calon Medi. Fe fyddai'n dysgu hanes eto, mae'n siŵr, ac fe rôi wers rymus rywbryd ar Napoleon – profiad Napoleon ar ynysoedd.

A hi'i hunan? Rhyw feddwl yr oedd hi nad oedd ynys yn lle iddi hithau chwaith.

Dim Ond Heddiw

EIRUG WYN

Bu heddiw'n ddiwrnod stormus ar ei hyd, er mai yn lled-dywyllwch y strydoedd culion ar gyrion Paris y dechreuodd y glaw ddisgyn o ddifri. Wrth iddo edrych drwy ffenestr yr Hotel du Commerce i'r stryd islaw, gwelai Ceri'r glaw yn peltio'i nodwyddau blaenllym yn ddi-drugaredd i gledwch y ffordd a'r palmant, nes gwlychu pob twll a chornel. Dawnsiai'r nodwyddau yn ôl fodfeddi i'r awyr wrth daro'r ddaear, nes gwlychu traed, esgidiau a llodrau y sawl a geisiai ddianc rhagddynt. Un neges oedd i alar tawel, cyson y glaw. Gwlychu, a boddi. Gwlychu, a boddi.

Dyn y wlad oedd Ceri. Roedd o wedi arfer â glaw a gwlybaniaeth, ond dim byd tebyg i hwn. Doedd o erioed wedi gweld glaw fel glaw Paris. Doedd o erioed wedi bod ym Mharis o'r blaen. Doedd o chwaith ddim yn cofio diwrnod fel heddiw...

* * *

Ie, dyn y wlad oedd Ceri. Wedi ei eni a'i fagu ym Mhentre Gwyn, ac wedi tair blynedd o goleg, wedi dychwelyd yno i fyw. Athro oedd o wrth ei alwedigaeth, yn dysgu yn Ysgol Uwchradd Glan Dŵr, gryn ddeng milltir o'i gartref, ac yno y bu yn dawel-fodlon ei fyd am ddeunaw mlynedd.

O oedd, roedd yna drefn ymddangosiadol i'w fywyd beunyddiol. Roedd o'n codi am hanner awr wedi saith bob bore, ac yn brydlon wrth ei ddyletswyddau erbyn chwarter i naw. Roedd o adre erbyn pedwar, ac wedi pryd o fwyd, byddai naill ai ym mhwyllgor y papur bro, yn y gymdeithas lenyddol, ym mhwyllgorau tragwyddol yr Urdd, neu yn ymwneud â'r capel. Ac os oedd o'n digwydd bod yn rhydd erbyn naw ar nos Fercher neu nos Wener, byddai'n ddi-ffael ym mar y Plow yn cael peint. Ond ar nos Sadwrn doedd dim twsu na thagu – noson y Plow oedd hi ar ei hyd.

Oedd, roedd Ceri wedi meistroli'r grefft o rychwantu deufyd a phontio dau ddiwylliant. Ar y stryd, mewn pwyllgor neu mewn oedfa, gallai ddal pen rheswm â Gwyn Ellis ar y naill law, hwnnw'n ben-blaenor parchus a thwrna wedi ymddeol, neu ar y llaw arall byddai'r un mor gartrefol yn dilyn hynt a helynt ceffylau hefo Now Sbragiwr, neu'n gwrando ar straeon celwydd golau ei gyfaill gorau, Wil Lena. Roedd Wil wedi treulio tafell o'i ieuenctid a'i fywyd ar y môr, ond wedi dychwelyd i dir sych ers rhai blynyddoedd. Gwnâi ambell blwc o waith achlysurol, ond ym mar y Plow y treuliai'i amser.

"Ac i feddwl, tasa gin i blant, y baswn i'n gorfod ymddiried eu haddysg nhw i rywbath fath â chdi!" Dyna Wil!

Rhywle yn nwfn ei fod, fodd bynnag, roedd Ceri ers blynyddoedd yn corddi a chorddi. Lawer tro fe'i cafodd ei hun yn synfyfyrio yn y capel ac yn y dafarn. Y ddeuoliaeth hon oedd natur ei anfodlonrwydd. Roedd o wrth ei fodd yn y naill gymdeithas a'r llall – fe welai Gymreictod Pentre Gwyn yn cael ei adlewyrchu yn y ddwy. Ond roedd o'n dechrau gweld a sylweddoli'r dadfeiliad. Roedd ffyniant y naill yn anochel yn golygu tranc y llall, ac roedd hi'n amlwg, wrth i benwynni'r seddau bylchog ddiflannu, mai'r dafarn a orchfygai.

Roedd o wedi sodro'i anniddigrwydd i'r ffaith y byddai ei genhedlaeth o yn dyst i'r gwingo olaf. A'u cefnau at y dibyn, a môr o elynion yn gwasgu o bobtu, roedd hi'n edrych fel petai angen gwyrth os oedd Pentre Gwyn i oroesi. Ac os oedd gwaredigaeth i fod, roedd yna frys am y waredigaeth honno. Dim ond heddiw oedd ar ôl.

Sawl gwaith y dywedodd wrtho'i hun y gwnâi fyd o les i Gwynn Ellis a holl flaenoriaid y capel ddod i'r Plow un noson a chael boliad iawn o gwrw yn lle troi yn eu powlen wydr o un pen yr wythnos i'r llall, ac oni wnâi fyd o les i Wil Lena a llafnau ifanc y Plow gael llond gwniadur o ddiwylliant hen begors y capel? Pam na fedran nhw gymysgu? Pam na fedran nhw fod fel...? Feiddiai o ddweud? Na! feiddiai o ddim. Y nhw, wedi'r cwbl, oedd yn driw i'w cefndiroedd. Y cyfan roedd o, Ceri, yn ei wneud, oedd cerdded ar y ffens. Chwarae'r ffon ddwybig. Rhedeg gyda'r cŵn a'r cadno. Bod yn bopeth i bawb ac yn neb yn y diwedd.

Dora Tai Top ffoniodd am bum munud i un ar ddeg un noson. Gwynn Ellis wedi gwaelu, ac wedi marw. Wedi cael mynd yn dawel yn ei gadair o flaen y tân. Cael llithro o un byd i'r llall ar amrant. Pedwar ugain mlynedd o fwrlwm a thalp o ddiwylliant yn dawel lonydd fel lwmp o blwm oer dan gaead arch. Tamaid arall o berfedd Pentre

Gwyn wedi cael ei rwygo'n rhydd o'r corff afiach, a'i fwrw i'r marwor.

Am ddyddiau wedi'r angladd, bu Ceri'n myfyrio'n ddwys uwchben marwolaeth Gwynn Ellis. Roedd yr hen Bentre Gwyn yn dadfeilio a diflannu, ac aeth rhywfaint o ddeugain mlynedd Ceri i ganlyn arch Gwynn Ellis i bridd y pentre. Byddai'n colli'r hen ŵr. Roedd ganddo gof byw iawn am ddigwyddiadau a chymeriadau…

"Dy daid! Dyna i ti sgiamp oedd hwnnw! Chwara ffwtbol i'r Pentra bob dydd Sadwrn…dowadd!…taclwr calad… pawb 'i ofn o…Wil Rhychwr oeddan nhw'n ei alw fo'n ei gefn…ond sa ti'n ei weld o ar y Sul!…doedd neb debyg iddo fo ar ei linia…dyn da, 'sti…os fyddi di hannar cystal â dy daid…"

"Iselder sydd arnat ti," meddai Doctor Gwyn. Pythefnos yn rhydd o ofidiau a phwysau'r ysgol ac mi wnâi fyd o les. Ond llithro'n ddyfnach i bwll o ddigalondid wnaeth Ceri.

Roedd cwpan ei ofidiau yn beryglus o lawn pan glywodd am farwolaeth Wil Lena.

Wil? Wil Lena? Wil Lena lawen? Boddi'n Twll Chwarel? Gneud amdano'i hun? Ond pam? Pam…Wil?

Daeth diwedd Wil ag euogrwydd i'w ganlyn. Ddaru o ddim deall marwolaeth Wil o gwbl. Roedd Gwynn Ellis wedi cael ystod da o fyw…ond Wil? Deugain oed? Ai dyma'r rhagluniaeth 'ryfedd' y canodd Dafydd Charles amdani? Ai yma ym Mhentre Gwyn yr oedd y 'tynnu i lawr' i ddigwydd? Na, roedd marw Wil y tu hwnt i'w ddeall. Y tu hwnt i'r mymryn crefydd a arddelai. O do, fe gafodd ei gyfle i fwrw'i ddagrau, ond roedd marw Wil wedi mynd dan ei wasgod. Roedd hyn yn ormod i gig a gwaed ei dderbyn.

Efallai mai dyna'r rheswm yr aeth pethau o'i afael yn y cnebrwng. Yno, roedd o wedi crio digon i bobi bara, wedi gwneud sioe gyhoeddus o'i alar; ond ni fedrai yn ei fyw atal y pwl dieflig o ddigalondid dwfn oedd yn ddiollwng sownd ym mhwll ei stumog.

Wyddai Ceri ddim beth barodd iddo ddianc i Baris, o bob man. Prin gofio'r daith oedd o, ond roedd rhaid iddo adael Wil. Gadael y fynwent a mynd ar duth i stesion Bangor. Roedd ganddo frith gof am godi ticed i Fanceinion, ond roedd y siwrnai drên, awyren a thacsi yn un ruban di-liw yn ei gof. Y peth pwysig iddo oedd mynd. Dim ots i ble. Dim ots sut. Mynd oedd yn bwysig, ac roedd hi'n bwysig mynd heddiw. Dim ond heddiw oedd ar ôl.

Mewn Ffrangeg carbwl, ceisiodd roi cyfarwyddiadau i'r dyn tacsi. Ond doedd y Ffrancwr yn y tacsi ddim yn ei ddeall chwaith. Amneidiodd Ceri arno i fynd i ganol y ddinas. Ymhen deng munud amneidiodd arno drachefn i aros. Ac yntau'n cerdded o'r tacsi i'r tywyllwch, dechreuodd y glaw ddisgyn. Troes yntau i lobi anferth y gwesty cyntaf a welodd, yr Hotel du Commerce, ac wedi llogi ystafell yno, treuliodd hanner awr dda yn edrych drwy'r ffenestr ar y glaw yn disgyn i'r stryd islaw.

Fel pe bai rhyw bibydd hud yn galw, aeth Ceri i lawr i'r stryd ac allan i'r glaw.

Bu'n cerdded am oriau. Cerdded yn y glaw. Cerdded y strydoedd culion. Cerdded y dyffrynnoedd cerrig. Doedd o'n gweld dim ar ysblander y gorffennol. Heddiw oedd yn cyfri. Heddiw oer. Heddiw gwlyb. Heddiw tywyll. Dim ond heddiw.

Roedd twnelau duon y strydoedd yn gwgu a rhythu ac

ysgyrnygu uwch ei ben. Roedd y cyfan fel petai'n cau'n raddol amdano, yn gyfyng furiau o bobtu iddo. Ac o'r uchder disgynnai'r glaw. Disgyn o'r uchder i'r dyfnder islaw. Dyfnder yn galw ar ddyfnder, a chleddyfau noeth y glaw yn gwanu'i gnawd ac yn golchi drosto'n drist. Wil! Wil! Wil! meddai'r glaw. Gwynn! Gwynn! Gwynn! meddai wedyn.

Pan ddychwelodd i'r gwesty, roedd o'n wlyb ac yn annifyr. Roedd o wedi marchogaeth y storm yn ddibwrpas ac yn ddigyfeiriad. Roedd wedi mynd. Mynd. Dim ond mynd. Mynd i rywle. Dim ots i ble. Dim ots am y storm. Dim ots os oedd o'n gwlychu. Doedd yna ddim cyfeiriad mwyach. Doedd o ddim yn perthyn i neb na dim.

Anwybyddodd gyfarchiad y clerc y tu ôl i'r dderbynfa. Dyn diarth oedd o. Dyn diarth mewn dinas ddiarth. Roedd o yma heddiw. Byddai wedi mynd yfory. Fel dafn o law mewn storm ffyrnig.

Aeth i'w stafell yn wlyb ac yn benisel. Un o ddyrnaid oedd o. Roedd o, Ceri, rywle yn y canol; rhywle rhwng Gwynn Ellis a Wil Lena. Ond doedd o'n neb mewn gwirionedd. Rhyw smalio perthyn oedd o. A rŵan? Doedd yna ddim ar ôl. Roedd Gwynn Ellis wedi mynd. Roedd Wil Lena wedi mynd. Roedden nhw wedi mynd, a'i adael o, Ceri, yn unig ac yn amddifad. Rywle yn y canol hefyd roedd Pentre Gwyn. Pentre'r adfail yn barod am udo'r bleiddiaid ac ubain y storm.

Yn araf, dadwisgodd Ceri. Diosg y gwlybaniaeth a'r annifyrrwch fesul cerpyn. Aeth drwodd i'r stafell folchi a rhedeg y dŵr i lenwi'r bath.

Edrychodd arno'i hun yn y drych wrth iddo ddadwisgo. Gwenodd ar ei lun a gwnaeth yr hyn a wnaethai am yr ugain mlynedd dwetha, sef codi'r cudyn gwallt styfnig yn ôl i'w briod le. Gwenodd ar ei lun. Roedd yn bwysig iddo edrych ei orau.

Roedd o, o'r diwedd, wedi ffendio'i le. Rhywle yn y canol rhwng Gwynn Ellis a Wil Lena...

Roedd y dŵr yn boeth. Roedd o'n braf. Roedd y stêm yn codi...yn gwahodd. Roedd wedi gorlenwi'r twb, ond doedd dim ots. Roedd yna deimlad braf yn golchi drosto wrth iddo suddo'n is ac yn is i'r dŵr poeth...

Y Jerwsalem Newydd

RICHARD CROWE

I

NOSWYL SIMCHAT TORAH oedd hi pan gwrddais i ag Avi y tro cyntaf. Roedd rhan Iddewig yr hen ddinas dan ei sang gan bobl yn prynu baneri bach lliwgar i'w chwifio, a thrwmpedi bach plastig i'w chwythu. Efallai y dylwn i esbonio fod Simchat Torah yn ŵyl sy'n dathlu'r Torah, sef y ddeddf Iddewig seiliedig ar bum llyfr Moses. Mae pawb mewn hwyliau da oherwydd bod Gŵyl y Pebyll a'i firi newydd fod. Wyddwn i ddim byd am hynny ar y pryd. Avi eglurodd bopeth imi wedyn.

Dilynais y torfeydd i'r Mur Wylofain. Er ei bod hi'n fis Hydref, roedd yr heulwen ar gerrig gwynion y sgwâr a'r mur yn fy nallu. Gartref byddai pawb yn swatio wrth y tân ac yn mochel rhag y gwynt yn ubain y tu fas. Yma, gallwn grwydro yn llewys fy nghrys. Wrth y mur roedd dynion barfog mewn dillad duon henffasiwn yr olwg a hetiau ar eu pennau. Roedden nhw'n canu ac yn codi eu sgroliau Torah i bawb gael eu gweld. Ar y pryd doeddwn i ddim yn deall arwyddocâd yr achlysur, ond ymdeimlwn â'r llawenydd o'm cwmpas. Yswn am fod yn rhan o'r gorfoledd. Es i at y mur, dodi un o'r hetiau bach cardbord mae'n rhaid ichi eu gwisgo, ar fy mhen a mentro i mewn i ganol y dorf. Dim ond dynion oedd yno – dynion a'u plant. Roedd yna le arbennig wedi ei neilltuo ar gyfer merched.

Am ddinas ryfeddol. Tra oedd hyn i gyd yn mynd ymlaen wrth y mur, deuai cân hudolus y mwesin o'r mosg, ac yn y cefndir clywn gloncian clychau'r eglwysi. Ac wrth y mur, roedd dynion yn dawnsio gyda'i gilydd. Rhaid fy mod yn syllu'n gegrwth. Gwenais wrth ddychmygu blaenoriaid Bethel yn gwneud rhywbeth fel hyn.

Synhwyrais fod rhywun yn edrych arnaf a phan droais fy mhen gwelais ddyn ifanc yn gwenu arnaf. Edrychais i ffwrdd. Rhaid ei fod e'n meddwl fy mod i wedi hurtio. Llo arall o wlad arall wedi dod i safnrythu ar y brodorion. Nid twrist oeddwn i; yno i astudio'r oeddwn i. Crwydrwn o un grŵp i'r llall a mwynhau'r canu pruddlawen, ond allwn i ddim dianc rhag y teimlad fod rhywun yn fy nilyn. Y dyn yna eto, ac roedd plentyn gydag ef, bachgen bach.

"Atah lo Yehudi?" gofynnodd gan wenu o hyd. Doeddwn i ddim wedi ymuno â'r wlpan eto a doedd gen i'r un syniad beth oedd ystyr y cwestiwn.

"Dwyt ti ddim yn Iddew?" ailadroddodd yn Saesneg.

"Nac ydw," atebais, nid heb fymryn o gywilydd. Wedi'r cyfan, efallai ei fod yn llygad ei le. Pa hawl oedd gen i i ddod i rythu ar ddefod grefyddol pobl eraill fel petaen nhw'n greaduriaid mewn sŵ? "Mae hi'n iawn imi fod yma, ydy?"

"Ydy, wrth gwrs. Rwyt ti'n ddyn, on'd wyt ti? Ar dy wyliau?"

"Nage, myfyriwr ydw i."

"Nawr 'te, gad i mi ddyfalu. Datblygiad y *kibbutz*? Sgroliau'r Môr Marw? Llenyddiaeth yr Holocawst?"

Roedd hi'n amlwg fod ganddo dipyn o feddwl ohono'i hun fel ditectif.

"Dim un o'r rheini," meddwn yn falch. "Dw i yma i wneud astudiaeth gymharol o'r ymfudo Iddewig i Balesteina a'r ymfudo o Gymru i Batagonia."

"Cymru?"

"Ie."

"Ble mae hynny?"

"Rhwng Lloegr ac Iwerddon."

"Ond does dim byd ond môr rhwng Lloegr ac Iwerddon."

"Abba, Abba," cwynodd y crwtyn bach gan roi plwc i law'r dyn ifanc. "Eisiau diod."

"O'r gorau, Yonatan, mewn munud. *Savlanut, bevakasha.*"

"Eisiau diod nawr!" stranciodd y crwt yn flin. Ymddiheurodd ei dad wrthyf, ei gyflwyno ei hun fel Avi, ei fab fel Yonatan, a chynnig ein bod ni'n mynd am ddiod a rhywbeth i'w fwyta.

"Dŷn ni'n gwybod am y lle gorau yn Jerwsalem oll am hwmws," meddai. "On'd ŷn ni, Yonatan?"

"Ydyn," atebodd hwnnw'n siriolach, gan chwifio'i faner. Rhoddodd dŵt ar ei drwmped a dechrau sgipio yn ei flaen.

Ar wahân i un trip sgio gyda'r ysgol ac wythnos mewn bad yn Iwerddon, doeddwn i ddim wedi bod dramor o'r blaen. Doedd gennyf ddim awydd, a dweud y gwir. Ddim yn gweld yr atyniad. Mae hi'n gymaint o ffwdan, on'd ydy? – y paratoi, y trafaelu, bod mewn lle dieithr, bwyd gwahanol, neb yn siarad Saesneg, heb sôn am Gymraeg.

Mae hi'n hunllef. Fyddwn i ddim wedi mynd i Israel oni bai bod fy nhiwtor wedi dwyn pwysau arnaf. Aethai i gryn drafferth i gael grant i mi, ac felly roeddwn i'n teimlo'n rhwym o fynd. Ac mae'n rhaid cyfaddef fy mod i'n barod am newid bach.

Doedd y tripiau i Iwerddon ac Awstria ddim wedi fy mharatoi ar gyfer yr hen ran o Jerwsalem. Y peth a'm trawodd yn fwy na dim oedd y drewdod – rhyw oglau surfelys, pydredig ym mhobman. Ac yna'r lliwiau – y llysiau a'r ffrwythau, y sbeisys, a'r brodwaith cain ar ffrogiau duon llaes yr hen wragedd a werthai orennau a pherlysiau, a chochni a llwydni ysgeler y stondinau cig. A'r trwst – gweiddi'r gwerthwyr bara a *sahlab*, baldordd y twristiaid, clychau'r eglwysi, a dolefain y mwesiniaid. I rywun a anwyd ac a fagwyd yn Llanfihangel-y-berth, roedd y cyfan yn dipyn o sioc.

Fyddwn i byth wedi mentro i'r caffi bach ar fy mhen fy hun. Bu'n rhaid imi grymu fy mhen i fynd i mewn i'r ystafell gul. Dim ond rhyw dri bwrdd oedd yno, er bod un o'r rheini'n eithaf mawr. Doedd y lle ddim yn edrych yn ofnadwy o lân, a doedd y dyn tew a gurai rywbeth mewn powlen fawr ddim yn ymddangos yn ofnadwy o groesawgar. Beth bynnag, dywedodd Avi rywbeth wrtho, ac aethon ni i eistedd i lawr. Mewn byr o dro daeth tair poteiaid o Coke, platiaid o hwmws yr un, platiaid o bicls, a phentwr o fara crwn gwastad cynnes. Allaf i ddim dweud mai dyna'r hwmws gorau a ges i erioed am mai dyna'r hwmws cyntaf i mi ei flasu erioed. Roeddwn i bob amser wedi ei osgoi ar yr achlysuron prin pan fyddwn yn bwyta allan. Ond mi roedd yr hwmws hwnnw'n wych.

Doeddwn i erioed wedi cwrdd â dyn fel Avi o'r blaen.

Siaradai fel pwll y môr, ac nid yn unig â'i geg a'i dafod, ond â'i ddwylo a'i lygaid hefyd. Pan siaradai, siaradai gant y cant. Dim ond ef a fi oedd yn bod. Rhyfeddwn pa mor fodlon oedd Yonatan. Tra byrlymai ei dad â brwdfrydedd am atyniadau'r Hen Ddinas, sychai Yonatan ei blât â darn bach o fara yn freuddwydiol.

"Ond dw i'n siarad gormod," meddai Avi pan sylwodd arnaf yn astudio Yonatan. "Beth amdanat ti?"

"Wel, does dim llawer i'w ddweud. Fel dywedais i, dw i yma am flwyddyn i astudio, a dw i'n byw yn yr hostel fyfyrwyr ar Fynydd Scopus…beth arall ddylwn i ddweud?"

"Wyt ti'n briod?"

"Nac ydw," atebais dan chwerthin yn dawel.

"Yn canlyn?"

"Nac ydw." Edrychais ar fy mhlât.

"Dw i'n synnu nad oes neb wedi dy fachu di 'nôl yn dy Gymru werdd."

"Wel, dw i'n aros am yr un iawn. A tithau?"

"Bues i'n briod. Hava oedd ei henw hi. Mam Yonatan. Bu hi farw mewn damwain car dair blynedd yn ôl."

"Mae'n ddrwg 'da fi glywed." Am beth twp i'w ddweud, meddyliais, ond beth arall allwn i fod wedi'i ddweud?

"Beth ti'n dweud am Ima, Abba?" holodd Yonatan o'i freuddwyd.

"Dim, 'nghariad i, dim ond dweud wrth Michael ei bod hi wedi marw."

Yn sydyn ymddangosai'r reiat y tu allan yn bell iawn i ffwrdd. Aeth corff Avi'n llonydd. Edrychai i ffwrdd oddi wrthyf.

"Mae'n ddrwg 'da fi, Michael, ddylwn i ddim siarad fel hyn â ti; dim ond newydd gyfarfod â'n gilydd ydyn ni."

"Popeth yn iawn. Paid â phoeni. Dyw pob Prydeiniwr ddim yn Sais."

Trodd i edrych arnaf eto. Gwelwn y lleithder yn ei lygaid. Ceisiodd wên arwrol. Ysgydwodd ei ben.

"Rwyt ti'n un rhyfedd," meddai, "rhyfedd iawn."

II

Cyn ffarwelio â'n gilydd, rhoddodd Avi ei rif ffôn imi a'm gwahodd i'w ffonio petawn am i un o'r brodorion gludo fy magiau rywbryd.

Y Sul ar ôl imi ei gyfarfod dechreuodd y dosbarthiadau Hebraeg. Doeddwn i ddim yn awyddus i fynd o gwbl, ond roedd hi'n rheidrwydd yn ôl telerau fy ysgoloriaeth. Roedd yn gas gennyf Ffrangeg yn yr ysgol a ches i ddim cynnig gwneud Almaeneg. I wneud pethau'n waeth, roedd bron pawb ar yr wlpan yn Iddew ac wedi cael rhyw fath o addysg Iddewig a olygai eu bod o leiaf yn gyfarwydd â'r wyddor. Awn o gwmpas y ddinas yn ystod yr wythnosau cyntaf fel rhywun anllythrennog. Un tro prynais botelaid o siampŵ lemon gan feddwl taw sgwosh lemon oedd ef. Dechreuai'r gwersi am wyth yn y bore a gorffen am un. Ar ôl prynhawn 'rhydd', ailddechreuai gwersi'r hwyr am bedwar a gorffen am chwech. Rhwng yr oriau hir a'r gwaith cartref bu'n rhaid imi aros tan y dydd Gwener canlynol cyn ffonio Avi.

"Gaf i siarad ag Avi, os gwelwch yn dda?" gofynnais mewn Hebraeg lled herciog.

"Hu lo babayt hayom. Mi medaber?" oedd yr ateb annisgwyl. Bu'n rhaid imi esbonio i'r hen wraig a atebodd nad oeddwn i'n deall Hebraeg. Rhoes gynnig arall arni,

mewn Almaeneg. Roeddwn i'n dal heb ddeall. Ni ddeallai hi Saesneg. Rhoddais y ffôn i lawr yn siomedig. Roedd arnaf eisiau gwneud argraff ar Avi gyda fy Hebraeg newydd sbon, ac yntau'n gymaint o ieithgi ei hun. Siaradai Hebraeg ac Arabeg, diolch i'r gyfundrefn addysg; Almaeneg, diolch i'w dad; Pwyleg, diolch i'w fam; Saesneg, diolch i'r Ymerodraeth a Hollywood. Doeddwn i ddim yn gallu bod yn siŵr fy mod i wedi cael y rhif iawn hyd yn oed. Doedd e ddim yno. Ac roedd fy nghynlluniau am y penwythnos wedi eu drysu.

Bues i'n fwy llwyddiannus ddydd Sadwrn. Doedd e ddim yn adnabod fy llais ar y dechrau ac roeddwn i'n falch fod fy *Shalom* yn swnio'n argyhoeddiadol. Trefnon ni i gwrdd yn y Ddinas Newydd i gael hufen iâ ar ôl i'r Sabath orffen, am fod perthnasau'n ymweld ag ef a'i deulu yn ystod y prynhawn.

Wedi bod gartref drwy'r dydd, mae'n rhaid fod pawb yn barod am ddihangfa ar ôl i'r haul fachlud nos Sadwrn. Pob man yn orlawn o bobl ifainc yn eu dillad gorau yn cerdded yn ôl ac ymlaen yn mwynhau edrych a chael eu gwylio. Cyrhaeddais i'r Europa yn gynnar, a des o hyd i ford fach ac ymbarél arni y tu allan. Dw i'n cofio rhywun yn dweud wrthyf fod eistedd y tu allan i gaffis tramor yn costio mwy, ond gyda'r fath sioe yn digwydd yn y strydoedd, pa ddiben oedd i eistedd y tu mewn?

Daeth Avi yn y diwedd, ryw chwarter awr yn hwyr, ac ymddiheurodd yn llaes. Archebon ni bob o syndi siocled anferth a rhoi'r byd yn ei le. Roeddwn i wrth fy modd. Cael eistedd ar deras caffi yn y Jerwsalem newydd, a'm ffrind Israeli newydd Avi yn claddu mynydd o hufen iâ siocled. Fuon ni ddim yno'n hir cyn i mi sylwi fod Avi'n denu sylw'r merched. A doedd hynny ddim yn syndod yn y byd. Roedd e'n ddyn golygus. Pwy na fyddai'n syrthio dros ei ben a'i glustiau mewn cariad ag ef ac yntau'n gawr pryd tywyll, llygatlas? A heno, yn ei grys-T gwyn, tyn a adawai i dusw bach o flew du trwchus ymddangos dan y coler, edrychai'n fwy deniadol nag arfer.

III

Yn ystod y misoedd canlynol gwelsom gryn dipyn ar ein gilydd. Roedd Avi mewn cariad â Jerwsalem ac adwaenai bob twll a chornel ohoni. A phob tro y byddai 'na ŵyl, boed Iddewig, Moslemaidd neu Gristnogol, dyna lle y bydden ni'n dau, os oedd modd. Ac o'm rhan i, ceisiais gyflwyno cymaint o Gymreictod ag oedd yn bosibl iddo ef. Roedd yn awyddus iawn i ddysgu Cymraeg, wedi deall ei bod hi'n iaith go iawn ac nid math o Saesneg rhanbarthol, ond wyddwn i ddim sut i fynd ati. Meistrolodd yr hyn a ddysgais iddo'n gyflym ac roedd ei ynganiad yn rhyfeddol o dda. Dydd Gŵyl Dewi aethon ni i Eglwys y Pater Noster i edrych ar Weddi'r Arglwydd yn Gymraeg cyn mynd ymlaen i'r farchnad i brynu cennin er mwyn gwneud cawl.

Des yn ymwelydd rheolaidd â chartref Avi. Roedd ef a Yonatan yn byw gyda'i fam a'i dad mewn tŷ mawr crand yn ardal Rehavia. Un hynaws oedd Hannah, ei fam. Roedd ei hamynedd â'm Hebraeg caib a rhaw yn ddi-ben-draw. Ar ôl sbel dechreuais dreulio pob Sabath gyda nhw ac anghofiaf i byth y Pasg y gofynnodd tad Avi imi gymryd rhan yn y *seder*, y pryd Pasg. Nid eu bod yn deulu crefyddol iawn, ond roedden nhw'n cadw'r gwyliau. Braidd yn ddywedwst oedd y tad fel arfer, ac nid oedd yn un parod i wenu. Wedi clywed peth o hanes ei rieni gan Avi, mae'n rhyfeddod eu bod nhw erioed wedi gallu gwenu eto. Felly pan ofynnwyd imi gymryd rhan yn y *seder,* es ati i ddysgu fy llinellau yn drwyadl, rhag ennyn gwg Mr Glick.

At ei gilydd, byddwn i'n teimlo'n anghyfforddus gyda phlant mân. Pan awn i i ymweld â pherthnasau, byddai Mam wastad yn dweud wrthyf i chwarae gyda'm cefndryd a'm cyfnitheroedd. A dyna fi'n mynd ati i osod traciau trenau bach ynghyd neu roi gwisg briodas ar Barbie gan ddyheu am gael mynd adref. Ond des yn hoff iawn o Yonatan am ei fod fwy fel oedolyn bach na phlentyn pum mlwydd oed. Doedd arno ddim angen llawer o ddiddanu plentynnaidd gennym ni. Roedd e'n ddigon hapus i chwarae ar ei ben ei hun neu i wrando ar ein sgyrsiau ni. Hawdd y gellid anghofio amdano, ond yr oedd yno, ac yn sylwi ar bob dim.

Un tro, gofynnodd Avi i mi fynd â Yonatan i Barc Annibyniaeth am dro. Roedd Avi ei hun yn dost. Erbyn hynny, roedd Yonatan a finnau'n teimlo'n ddigon cyfforddus yng nghwmni'n gilydd i dreulio prynhawn yn y parc. Doedd ganddo fe ddim diddordeb yn y siglenni a'r sleidiau, ond fel hen ddyn awgrymodd ein bod ni'n eistedd ar fainc. Ac yna daeth y cwestiwn.

"Wyt ti'n caru Abba?"

Doeddwn i ddim yn deall beth oedd gydag ef. Caru, hoffi – yr un peth ydyn nhw yn Hebraeg.

"Ydw. Mae dy dad yn ffrind da."

"Roedd Mam yn ffrind da i Abba hefyd."

"Oedd, dw i'n gwybod."

"Wyt ti eisiau priodi Abba?"

Anesmwythais.

"Dyw dynion ddim yn priodi dynion, Yonatan. Mae dynion yn priodi merched."

"Ond so hynny'n deg. Os ti'n caru bachgen, pam so ti'n gallu priodi bachgen?"

"Achos…mae hi yn erbyn y gyfraith, mae'n debyg."

"Beth yw'r gyfraith, Michael?"

"Mae'r gyfraith yn anifail tew, twp ac mae'n bryd inni fynd i brynu hufen iâ. Beth licet ti? Siocled? Mefus? Pinafal?"

Codais o'r fainc a dal fy llaw allan iddo. Cydiodd ei law fach gynnes yn fy un i ac i ffwrdd â ni i'r cwt hufen iâ.

"Ble mae'r gyfraith yn byw, 'te?"

IV

Y seiren Sabath. Rhyfedd fel mae sŵn sy fel arfer yn gysylltiedig â rhyfel a lladd a galar yn arwyddo gorffwysfa yma yn Jerwsalem. Pan glywn y seiren Sabath, byddwn yn ymlawenhau. Sabath cyfan gydag Avi, Yonatan, Hannah a Mr Glick. Perarogl *tcholent* neu gyw iâr a'm croesawai nos Wener. A diwrnod o hamddena i edrych ymlaen ato ddydd Sadwrn. Weithiau bydden ni'n mynd i Tel Aviv, i'r traeth, ac weithiau i'r coedwigoedd o gwmpas Jerwsalem. Ond un nos Sabath roedd Avi'n ddigalon. Gofynnodd imi fynd i gael gair gydag ef yn yr ardd. Esboniodd ei fod yn gorfod mynd i ffwrdd, i wneud ei ddyletswydd filwrol. Mi fyddai i ffwrdd am fis. Mis heb Avi. Rhoddodd ei ddwylo ar fy ysgwyddau, edrych ym myw fy llygaid a dweud ei fod yn fy ngharu, ac y byddai'n gweld fy eisiau i. Doedd dim angen imi ystyried beth a olygai. Rhoddais fy nwylo ar ei wasg a dweud fy mod innau'n ei garu yntau ac y byddwn i'n ei golli ef hefyd. Fe'm cofleidiodd yn dynn a rhoddais fy ngên ar ei war. Fe'm gollyngodd.

"Bydd rhaid inni siarad," meddai'n ddifrifol.

"Bydd," cytunais.

Dywedodd y cyfan wrthyf amdano'i hun. Bu'n blentyn anystywallt. Aflonydd. Methu canolbwyntio. Rhuthro o gwmpas fel peth gwyllt. Ymladd â phlant eraill. Gwnaeth yn wael yn yr ysgol. Methodd y rhan fwyaf o'i arholiadau. Yn ei laslencyndod mitsiai o'r ysgol i hel dynion yn y parciau. Gadawodd yr ysgol heb unrhyw fath o obaith am yrfa ac roedd hynny'n ergyd enbyd i'w dad a oedd wedi ymdrechu mor galed ei hun, yn yr hen wlad, i gael addysg dda.

Un diwrnod, rhoddodd Avraham Glick ddewis i'w fab. Naill ai mynd i'r coleg a chael rhyw fath o gymwysterau fel y gallai gael swydd a'i gynnal ei hun, neu adael ei gartref a thorri pob cysylltiad rhyngddo ef a'i rieni am byth. Yn ei dymer, bu bron i Avi gytuno i fynd, ond llwyddodd ei fam i'w berswadio i aros.

Fe aeth i'r coleg a gwneud cwrs mewn twristiaeth. Yno y cyfarfu â Hava. Roedd hi'n ei ddeall i'r dim. Roedd ef wrth ei fodd yn ei chwmni. Yr un synnwyr digrifwch, yr un ymhyfrydu yn yr anghyffredin, a'r un ysbryd anturus. Roedd ei rieni'n dotio arni ac o fewn dim fe ddechreuodd y sôn, a'r awgrymu, a'r cyfeirio at briodi, setlo i lawr a chychwyn teulu. O orfod priodi, ni allai Avi feddwl am neb arall yn y byd y byddai'n well ganddo dreulio'i oes gyda hi. A phriodi wnaethon nhw. Ganed Yonatan yn fuan wedyn.

Roedd Avi eisoes wedi dweud wrthyf fod Hava wedi cael ei lladd mewn damwain car, ond y tro hwn soniodd am y gollyngdod a ddaeth ar ôl y galar. Er cymaint y carai ef hi, ni allai ei charu hi fel y dymunai hi iddo ei charu, ac roedd hynny'n faich arno. Ar ôl iddi farw fe addawodd Avi iddo'i hun na fyddai'n priodi eto.

Nid yn un o'r caffis gwydrog smart y dywedodd hyn i gyd wrthyf, ond mewn caffi bach tawel a oedd yn gysylltiedig â siop llyfrau ail-law. Eisteddwn yn bensyfrdan wrth i'r hanes gael ei daenu o'm blaen i. Roedd Avi'n hoyw. Roedd ef mewn cariad â fi. Roeddwn innau mewn cariad ag yntau. Roeddwn i'n hoyw. Roedd arnaf eisiau Avi ond doedd arnaf i ddim eisiau bod yn hoyw.

Roedd y caffi wedi gwagio erbyn i Avi ddod i stop. Syllai'r ferch wrth y cownter yn hiraethus ar y cloc. Roedd yn bryd inni fynd.

"Dw i ddim eisiau mynd yn ôl i Rehavia heno. Dw i eisiau aros gyda ti," meddai wrthyf.

"Dere 'nôl gyda fi, 'te." Roedd hi fel petai rhywun arall wedi ynganu'r geiriau hynny yn fy lle.

"Beth am Kim?" Kim oedd y myfyriwr Koreaidd oedd yn rhannu'r stafell gyda fi.

"Mae e wedi mynd i ymweld â *kibbutz* y penwythnos yma."

Roedden ni jest mewn pryd i ddal y bws olaf i Fynydd Scopus. Eisteddon ni glun wrth glun yr holl ffordd. Byrlymai gwaed drwy bob gwythïen yn fy nghorff.

Doeddwn i erioed wedi cysgu gyda dyn cyn y noson honno. Doeddwn i ddim wedi cysgu gyda merch chwaith. Gwyddwn yn nirgel ddyn fy nghalon fy mod i'n hoyw, wrth gwrs, ond byddwn i bob amser yn llwyddo i'm perswadio fy hun nad oeddwn i'n hoyw am nad oeddwn i erioed wedi cysgu gyda dyn. Ni chefais unrhyw drafferth i anwybyddu fy mreuddwydion a'm ffantasïau yn fy nadleuon mewnol. Ac yn sydyn, yng Ngwlad yr Iesu o bob man, daeth fy mreuddwydion a'm ffantasïau'n fyw. Roedd Avi'n flewog, ond nid yn epaol. Roedd e'n gyhyrog, heb fod yn Arnold Schwarzenegger. Roedd e'n fawr, er nad yn Jeff Stryker. (Do, mi borthais fy chwantau rywdro mewn sinema hoyw yn Soho.) Cymaint oedd fy nghyffro o deimlo'i gorff cynnes arnaf fel y des i ar ôl ychydig eiliadau. Y fath embaras.

"Paid â phoeni, Mici," meddai yn Hebraeg. Ac yna, "Daw eto haul ar fryn" yn Gymraeg. Sut yn y byd allai droi ei feddwl i'r Gymraeg yn y fath sefyllfa? Rhyfedd hefyd ein bod ni wedi troi i siarad Hebraeg â'n gilydd y noson honno.

Er gwaetha'r diffyg cwsg, roeddwn i fel y gog yn y bore ac fel dathliad arbennig paratois ei hoff frecwast – salad tomatos a phuprod, wyau wedi eu sgramblo, caws gwyn a choffi cryf – a mynd ag ef iddo i'r gwely.

V

Des i gasáu sŵn y seiren Sabath. Parhawn i dreulio'r Sabath gyda theulu Avi, ond doedd pethau ddim yr un fath. Ysgrifennwn at ein gilydd sawl gwaith yr wythnos. Byddai'n ffonio hefyd, ond doedd hynny ddim yn ddigon. Yonatan gafodd y syniad o anfon cyfarchion ato ar y radio. Fe'm helpodd i lunio'r neges. Dw i ddim yn cofio'r union eiriau nawr. Rhywbeth eithaf diniwed, rhag ofn gwneud pethau'n anodd i Avi. Tynasai Yonatan lun i'w yrru ato hefyd. Llun ohono ef ei hun yn sefyll rhwng Avi a fi, fel y byddai weithiau, yn dal un o'm dwylo i ac un o ddwylo Avi wrth fynd am dro drwy'r parc. Es i'r arfer o wrando ar orsaf radio'r fyddin gyda'r nos, ac ar ôl inni anfon y cyfarchion i mewn, gwrandawn yn fwy astud. Roeddwn i wedi addo tapio'r neges i Yonatan ar fy radio-casét.

Roedd absenoldeb Avi yn gyfle gwych imi fwrw ymlaen â'r ymchwil. Doeddwn i ddim wedi llwyddo i fynd ymhell iawn am fod llawer o'r ymdriniaeth â'r ymfudo i Balesteina mewn ieithoedd nad oeddwn i'n eu deall, ond wedi imi ddod yn fwyfwy hyderus gyda'r Hebraeg, byddwn yn rhoi cynnig ar ddarllen ambell erthygl ar y pwnc. Ond mewn gwirionedd, fe'i cawn yn anodd gweithio. Roedd fy mryd bob amser ar Avi. Daethai teithio ar fws yn hunllef am fod y newyddion yn seinio allan o radio'r bws bob chwarter awr, neu o leiaf, felly yr ymddangosai i mi. Rhyw hanner deall oeddwn i, ond roedd y geiriau a olygai 'lladd', 'terfysg', 'milwr' ac ati wedi eu serio ar fy nghof. Ac ynghyd â'r hiraeth daeth dryswch. Beth oeddwn i, Cymro bach cyffredin o Lanfihangel-y-berth, yn ei wneud yma yn y Dwyrain Canol? Doeddwn i ddim ar dân dros fy mhwnc ymchwil, ac roedd yr un roeddwn i'n dyheu amdano yn ddyn. Roedd popeth yn arfer bod mor syml.

Petawn i wedi aros yn Aber i orffen fy ngwaith ymchwil yno, byddwn i wedi cael swydd gyda'r Llyfrgell neu'r BBC neu rywbeth a byddai popeth yn iawn. Ynghanol y trobwll yma yn Jerwsalem, dechreuais hiraethu am lonyddwch Cymru. Am frwydr yr iaith. Beth wydden nhw am frwydro? Hawdd sôn am hynny pan nad oes rhaid ichi fynd i'r fyddin, dysgu trin dryll, byw mewn ofn y bydd bom yn ffrwydro yn eich archfarchnad leol, byw mewn gwlad wedi ei hamgylchynu gan elynion â thanciau a thaflegrau. Blinaswn ar yr ymgecru parhaus ynglŷn â'r 'sefyllfa' – beth ddylid ei wneud? Sut? Pryd? Âi hyd yn oed y dadlau brwd wrth y safleoedd bysys ar fy nerfau. Roedden nhw wastad am eich tynnu chi i mewn. Pam na fedren nhw adael llonydd i ddieithriaid fel y gwneir yng Nghymru?

VI

Daeth Avi yn ei ôl yn saff a dyna pryd y dechreuon ni siarad am fyw gyda'n gilydd. Bu'n gyfnod anodd am fod oblygiadau byw gydag Avi yn rhai pellgyrhaeddol i fi. Golygai benderfynu byw yn Israel am un peth. Ymadael â'm cyfeillion a'm teulu yng Nghymru. Roedd Avi hefyd yn awyddus i Yonatan fyw gyda ni. Daethwn yn hoff iawn o Yonatan ac roeddwn i'n credu ei fod e'n teimlo'r un fath amdanaf i, ond un peth oedd bod yn ewythr dirprwyol, peth arall oedd bod yn rhiant. Eto i gyd, roeddwn i'n caru Avi ac allwn i ddim meddwl am ddychwelyd i Gymru hebddo. A beth am waith? Pa obaith am waith oedd imi yn Israel a minnau'n dal heb fod yn rhugl yn yr iaith?

Un noson dim ond tad Avi a finnau oedd yn dal ar ein traed. Bu'n rhaid i Avi fynd i'r gwely'n gynnar am fod ganddo gyfarfod pwysig y diwrnod wedyn, ac un i noswylio'n gynnar oedd Hannah beth bynnag. Os oeddwn i'n ystyried ymgartrefu yma a byw gydag Avi, roeddwn i am gael gwell dealltwriaeth â'i dad. Nid ein bod ni'n tynnu'n groes na dim, ond roeddwn i'n ymwybodol o ryw letchwithdod rhyngom. Ceisiais dynnu sgwrs ag ef am y tywydd, ond fe'm hatebodd, yn ôl ei arfer, yn unsillafog.

Wel damia fe 'te, roeddwn i wedi trio fy ngorau glas, ond doedd dim yn tycio. Mi awn i'r gwely.

"Eistedd am ychydig," meddai wrthyf. Eisteddais. "Mae golwg bryderus arnat ti. Rwyt ti am wybod beth dw i'n meddwl amdanat ti. Amdanoch chi. Ti ac Avi. A dweud y gwir mae'n troi arnaf i. Dau ddyn fel 'na gyda'i gilydd. Ych a fi. Petai pawb ohonon ni wedi ymddwyn fel hynny, fyddai 'na ddim pobl Iddewig, na dim Saeson chwaith o ran hynny – serch, mae'r syniad yn apelio, gyda phob parch. (Daliai i feddwl amdanaf fel Sais.) Dyna fy marn i, ond beth yw'r ots? Hen ddyn ydw i heb lawer o flynyddoedd yn weddill yn y byd hwn.

"Clyw, dw i wedi gweld pethau erchyll yn ystod fy oes. Wedi dioddef pethau nad oes modd imi eu disgrifio. Rhai pethau dw i wedi llwyddo i'w hanghofio, diolch i Dduw. Bues i yn un o'u gwersylloedd nhw, wyddet ti hynny? Gwyddet, mae'n debyg. Flossenburg oedd ei enw. Nid un o'r enwocaf, ond roedd e'n uffern o le. Roedd 'na garcharorion pinc yno – ti'n deall? – pobl fel ti ac Avi. Roedd un ohonyn nhw, Jiri, yn gyfaill i mi. Canwr oedd ef, o Praha, Tsiecoslofacia. Fe gwrddon ni yn y gerddorfa. Ie, cerddorfa. Elli di ddychmygu'r ffasiwn beth? Ynghanol y gorffwylltra, dyna ni'n perfformio i'r SS. Gorymdeithiau a chaneuon o operetâu roedden nhw'n eu hoffi fwyaf. Un diwrnod, yn dâl am ei wasanaeth i'r Reich, fe orchmynnodd un swyddog yn y chwarel roi bwced metal ar ben Jiri. Un tawel a diymhongar oedd Jiri a byddai'r SS yn cael hwyl ar ei boenydio fe'n arbennig. Sut bynnag, daliodd dau filwr ef yn sownd tra curai'r lleill a'r Capos ar y bwced â'u pastynau. Curo, curo, curo nes bod Jiri wedi mynd o'i gof. Yna'n sydyn, tynnwyd y bwced oddi ar ei ben ac fe'i gwthiwyd yn bensyfrdan tuag at y ffens. Stagrodd igam-ogam i mewn i'r *zone* pum medr, ac wrth gwrs fe'i saethwyd. Jiri oedd y ffrind gorau oedd gen i."

Oedodd am ysbaid. Carthodd ei wddf.

"Wyt ti'n gwybod beth dŷn ni'n galw'ch siort chi? *Feygele*. Aderyn bach. Roedd Jiri'n medru canu ond mi roddodd y cŵn 'na daw arno fe. Wna i ddim dioddef neb yn defnyddio'r gair yn fy nghlyw i.

"Mae Avi'n hapus. Yn hapusach nag y buodd ers tro byd. Mae Yonatan bach yn dwlu arnat ti ac mae Hannah eisoes wedi dy dderbyn di fel ei mab ei hun. Dw innau'n hoff ohonot ti, wrth gwrs. Allaf i ddim dweud fy mod i wedi gobeithio y byddai Avi'n troi allan fel hyn. Ond dyna fe, dyw'r pethau 'ma ddim i ni i'w penderfynu, nac ydyn?

"Os yw bendith hen ŵr yn bwysig iti, dw i'n ei rhoi. Cymer hi a cer i'r gwely, mae hi'n hen bryd."

VII

Cefais waith rhan-amser yn llyfrgell y Cyngor Prydeinig a symudais i fyw at Avi a Yonatan mewn fflat fechan yn un o faestrefi deheuol Jerwsalem. Byddai Avi'n mynd â Yonatan i'r ysgol a byddwn innau'n ei godi. Dyna oedd y drefn. Fel arfer, Avi fyddai'n gwneud y bwyd, gan fod fy sgiliau i yn y maes yna braidd yn brin. Ambell waith, byddai Hannah yn ceisio dysgu imi sut i wneud bwydydd o'r hen fyd – *tcholent, borsch, kneidlach, gefillte fisch* ac yn y blaen, ond mewn gwirionedd roedd yn well gan Avi fwydydd ysgafnach y Dwyrain Canol beth bynnag. Gweithiodd popeth yn rhyfeddol o dda ac ystyried odrwydd y sefyllfa. Bydden ni'n dal i fwrw'r Sabath gyda rhieni Avi, ac weithiau byddai nain a thaid arall Yonatan yn teithio i fyny o Eilat i'w weld ef. Byddwn i'n mynd allan pan ddeuen nhw. Allen nhw ddim derbyn y sefyllfa.

Doedd 'na fawr o sîn hoyw yn Jerwsalem ei hun, a chan nad oeddwn i wedi arfer ag un, doeddwn i ddim yn gweld ei eisiau. Ond roedd Avi'n ddawnsiwr greddfol, a bob hyn a hyn bydden ni'n mynd i Tel Aviv i'r clybiau yno, a dawnsio a dawnsio a dawnsio tan yr oriau mân.

Ar wahân i 'nghydweithwyr ac ambell i ffrind i Avi, doeddwn i ddim yn adnabod neb arall a dechreuais i deimlo'n unig. Doedd hi ddim bob amser yn hawdd i'r tri ohonon ni fod gyda'n gilydd yn y fflat fach yna. Doedd dim llawer o amynedd gydag Avi. Roedd rhaid i bopeth fod yn berffaith iddo a hynny ar unwaith. Fi fyddai'n helpu Yonatan gyda'i waith ysgol fel arfer, am fod Avi'n methu deall yr hyn a gâi ei fab yn anodd. Ac yna deuai'r cyhuddiad fy mod i'n ei ddwyn ef oddi arno. Ar adegau felly, roeddwn i'n gweld eisiau rhywun i drafod ag ef.

Dechreuais fynychu cyfarfodydd cymdeithas hoyw. At ei gilydd, pethau digon difrifol oedden nhw. Trafodaethau hirfaith ar wleidyddiaeth hoyw. Codi ymwybyddiaeth. Addysgu. Ond mi wnes i ychydig o ffrindiau yna. Roedd Avi, wrth gwrs, yn ddrwgdybus iawn o'r holl beth. "Mynd yno i chwilio am goc maen nhw," arferai ddweud, ond doedd hynny ddim yn wir am bawb. Doedd hynny'n bendant ddim yn wir amdanaf i. Ffrindiau roedd arnaf i eu heisiau.

Trewais ar yr ateb. Merch. Petai gen i ffrind o ferch, fe fyddai Avi'n llai drwgdybus. Roedd Dalia'n waredigaeth. Yn lesbiad o dras Americanaidd, hi oedd y ffrind roeddwn i'n chwilio amdani. Hoffai Avi hi ond doedd Yonatan ddim mor siŵr. Roedd ef yn yr oedran pan fo merched yn ych a fi.

Treuliwn aml i noswaith yn cymharu nodiadau ar berthnasau a sglaffio *gateaux* hufenllyd mewn caffis crand yng nghanol y ddinas. Roedd hi mewn sefyllfa debyg iawn i fi. Byw gyda Sabra (Israeli brodorol) ac iddi dri o blant. Braf hefyd oedd ymlacio wrth siarad Saesneg am newid. Roedd Avi a fi wedi rhoi'r gorau i siarad Saesneg yn llwyr erbyn hynny ac roedd ei frwdfrydedd cychwynnol am y Gymraeg wedi darfod. Roedd Dalia hefyd yn sgut am ddramâu, a chyda hi y byddwn i'n mynd i Theatr Israel i weld popeth o Ibsen i'r arbrofol. Rhaid ein bod ni'n edrych yn bâr comig iawn – hithau'n glompen wallt-melyn a sbectol fach aur, gron, a minnau'n gochyn byr, tenau fel styllen.

VIII

Dalia a'm helpodd i ymdopi â marwolaeth Avi bedair blynedd yn ddiweddarach. Fe'i saethwyd pan oedd ar ddyletswydd filwrol yn y Tiriogaethau neu'r Lan Orllewinol – pa derm bynnag a fynnoch chi. Syniai ei lofrudd am y lle fel Jwdea a Samaria – gwlad a roddwyd i'r Iddewon gan Dduw. Roedd grŵp o eithafwyr wedi dechrau codi pentre yn answyddogol yno ac anfonwyd y fyddin i mewn i atal yr adeiladu. Saethwyd Avi yn y sgarmes.

Allwn i ddim parhau i ofalu am Yonatan ar fy mhen fy hun. Doeddwn i ddim yn ennill digon o arian yn y llyfrgell i gynnal y ddau ohonon ni. Y peth naturiol, mae'n debyg, fyddai mynd yn ôl at rieni Avi, ond doedd hynny ddim yn bosibl. Ddau fis cyn marwolaeth Avi cawsai Hannah drawiad a bu farw. Aethai tad Avi'n rhy ffwndrus i ofalu amdano'i hun, a bu'n rhaid iddo fynd i gartref henoed.

Rhoddodd tad Avi y tŷ i Yonatan a dyna lle dŷn ni'n byw nawr. Ond nid ni'n unig sydd yno. Mae Dalia a Sabra, Amnon, Moshe a Naomi yn byw gyda ni hefyd. Roedd angen cryn dipyn o berswâd ar Yonatan i dderbyn y drefn newydd ond fe ildiodd yn y diwedd. Ofnai na fyddai pethau'r un fath rhyngof ac ef mewn tŷ yn llawn o ddieithriaid, ac wrth gwrs, doedden nhw ddim, ddim yn union. Felly roeddwn i'n awyddus i wneud rhywbeth fyddai'n ein clymu ni mewn ffordd arbennig. Roedd e bob amser wedi dangos cryn dipyn o ddiddordeb yn y ffaith fy mod i'n Gymro – byddai'n brolio'r ffaith i'w ffrindiau ac yn mynnu nad Sais mohonof – a'm bod i'n gallu siarad iaith arall! Felly gofynnais iddo a hoffai ddysgu Cymraeg. Dywedodd yr hoffai. Wedi anfon am lyfrau a fideos Cymraeg, o dipyn i beth fe ddaeth yn eithaf rhugl. Pan fyddai eisiau cysur arno, a phan welai golli Avi, byddai'n gofyn imi ddarllen Wil Cwac Cwac iddo neu'n gofyn am gael edrych ar fideo Tomos y Tanc, gan ofyn yn Gymraeg bob tro. Synnai hynny Amnon, Moshe a Naomi, ac roedd hynny'n gwneud iddo deimlo'n arbennig.

Mae noswyl Simchat Torah wedi dod eto. Dyma pryd dw i'n colli Avi fwyaf. Allaf i ddim mynd i'r Mur Wylofain. Arhosaf gartref. Mae Yonatan am fynd a dw i'n gorfod ei baratoi. Dw i'n galw amdano. Does dim ateb. "Yonatan!" rwy'n gweiddi, "bydd Davîd yma cyn bo hir; brysia, wnei di!" ac mae'n rhedeg ar garlam i lawr y grisiau a'i drwmped bach a'i faner yn ei law.

Clywaf gloch y drws, ac af i gyfarch Davîd a'i dad. Davîd yw ffrind gorau Yonatan. Edrycha Yonatan arnaf a dweud yn Gymraeg, "Fi'n darchen Fil Cfac Cfac iti heno." Ydy, mae Yonatan yn deall...

Y Mwnshi a'r Diacon

GWYNETH CAREY

Doedd yna'r un goeden i gysgodi'r car, ac am bump o'r gloch doedd y gwres ddim yn osio gostwng. Edrychodd Llywarch yn amheus ar y plant mân yn chwarae o gwmpas y *kampong*, a'r ieir bychain yn crafu yn y pridd rhwng polion y tŷ. Doedden nhw ddim mwy na'r cywennod oedd gan ei fam gartref. Clywodd lais yn siarad yn gysurus o'r feranda uwch ei ysgwydd.

"Mi fydd 'ych car yn iawn o flaen fy nhŷ i. Dowch i fyny."

Yn ddiolchgar, gadawodd Llywarch y ffenest yn agored. Estynnodd ei lyfrau o'r sêt gefn, a rhyddhau ei grys chwyslyd oddi wrth ei groen. Ar ben yr hanner dwsin o risiau pren llydan, safai'r mwnshi yn barod i groesawu ei ddisgybl newydd. Ei draed brown noeth a ddaeth i'r golwg gyntaf, yna'r *sarong* o gotwm sgwarog glas a gwyn, a'r crys glân digoler. Roedd yn ddyn cydnerth, canol oed, ei wên yn swil y tu ôl i'r sbectol drom. Gwisgai ei *songkok* ddu am ei ben, gan greu'r argraff ddi-sail nad oedd llawer o wallt oddi tani.

"*Tabek, tuan. Selamat sampai.*"

"*Tabek,*" – roedd hynny'n ddigon saff, ond be wedyn – "*Inche?*"

172

"Ia, da iawn. Dw i'n gweld 'ych bod chi'n dysgu sut i gyfarch gŵr Malay. Mae'n bwysig iawn ein bod ni'n cyfarch ein gilydd yn gywir. Yn awr, eich enw chi ydi Mîstar, sut ydech chi'n dweud, 'Hiwakh Jones'?"

"Ia, Llywarch. Mae o braidd yn anodd i'w ddweud, mae arna i ofn. Mi wnaiff Jones yn iawn. Sdim angen y 'Mr'."

"O, ond mae'n rhaid i mi ei ddweud yn iawn. Fe ddywedaf i 'Mîstar Howakh Jones', ac fe ddywedwch chi 'Inche Abdul Rakhman'. Eisteddwch, Mîstar Jones. Ydy'r gwyntyllydd yn iawn ar y pen yma i'r bwrdd? Mae'n siŵr eich bod chwi'n teimlo'r gwres, gan eich bod newydd ddod i'r wlad."

"Nid y gwres yn gymaint â'r lleithder." Fel pob newydd-ddyfodiad i Kuala Lumpur, yr oedd Llywarch yn adrodd ei ddarganfyddiad wrth bawb, fel pe bai wedi cael hyd i gyfrinach y trofannau. Gwenodd y mwnshi arno.

"Meddwl yr oeddwn i y buasem ni'n treulio'r wers gyntaf yn dysgu cyfarchion. Mae yna ffordd wahanol o gyfarch pobl mewn oed rhagor na phlant, er enghraifft, a ffordd wahanol eto o gyfarch y Swltan a'i deulu. Hoffwn i ddim i chwi gwblhau eich gwersi heb ddysgu rhywbeth am yr iaith frenhinol."

Ofnai Llywarch y byddai'n mwydro'n llwyr. Un ffordd o ddweud *selamat* wrth rywun yn cyrraedd, ffordd arall o'i ddweud o wrth rywun oedd yn ymadael, a ffordd arall eto wrth rywun oedd yn aros yn 'i unfan. Pam na ddweden nhw *salaam* a gorffen hefo'r peth? Ond roedd y mwnshi'n benderfynol fod ei ddisgybl yn mynd i siarad Malay fel diplomydd.

"Mae ein hiaith yn bwysig dros ben i ni, wyddoch chi. Ac mae'n ddyletswydd arnom i'w siarad hi'n urddasol, fel ein bod ni'n dangos parch at ein gilydd. Mae'r ffordd yr ydych chwi'n siarad â phobl yn dangos eich parch chwi tuag atynt ac yn rhoi sylfaen i gymdeithas, ydych chwi'n cyd-weld?"

Doedd ei gwrs coleg ar Hanes Trefedigaethol ddim wedi paratoi Llywarch ar gyfer hyn. Dechreuodd deimlo'n reit chwil. Roedd hi'n boeth ar y feranda, a'r mosgitos yn bla. Dim ond chwalu oglau cyri oedd y gwyntyllydd. O'r ochr arall i bared y feranda deuai sŵn merched a phlant yn parablu a giglan. Ochneidiodd y mwnshi.

"Byddai'n well i ni gael te, mi gredaf." Galwodd drwy'r drws agored: "Fatimah!" Ymhen pum munud ymddangosodd hambwrdd yn y drws, gan aros yno nes y derbyniodd y mwnshi ef. Cafodd Llywarch gip ar eneth ifanc a chanddi wyneb brown fel cneuen, yn cuddio'i llygaid rhag dangos y chwerthin yn byrlymu drostynt. Diflannodd cyn gynted ag y cafodd wared â'i hambwrdd, a chododd ton arall o barablu a giglan o'r tu hwnt i'r pared.

Tywalltodd y mwnshi'r te o debot a blodau pinc arno. Roedd y te'n gryf, ac eisoes wedi ei gymysgu hefo llaeth trwchus melys allan o dun. Estynnodd blatiaid o gacennau bach pinc.

"Mae fy ngwraig wedi gwneud y rhain yn arbennig i chwi."

"O! maen nhw'n dda iawn. Ga i ddiolch iddi?"

"Mi wnewch ei hesgusodi hi, yr wyf yn siŵr. Fydd hi byth yn ymddangos pan fyddaf i'n dysgu."

A brysiodd y mwnshi i newid y sgwrs.

"Mae gen i ddyletswydd i ddysgu mwy nag iaith i chwi. Mi adawn ni honno am funud er mwyn i ni gael sgwrs fach am arferion ein cymdeithas ni yma. Wedi'r cwbwl, beth yw iaith heb ddiwylliant?" Am ryw reswm, byrdwn ei gân oedd dirywiad crefyddol ei oes.

"Wrth gwrs mae pawb yn gweddïo'n rheolaidd, ac wrth gwrs mae pawb yn cadw Ramadan. Ond dyw'r dynion ifainc ddim yn ofalus mewn pethau bach, ac mae hynny'n dangos fod y dirywiad yn dechrau."

"Ia, wir? Sut bethau bach, felly?"

"Wel, wyddoch chi, pethau fel gwisgo'n weddus, ymddwyn yn addas yn y mosg, pethau fel yna. Cymerwch y *songkok*, er enghraifft. Mae gofyn gosod hwnnw ar y pen fel bod ei ogwydd o'n dilyn gogwydd y talcen, fel bo'r pen yn llyfn ar lawr y mosg pan fo'r gweddïwr yn ymgrymu. Ac mae rhai o'r llanciau'n plygu bysedd eu traed y ffordd chwith wrth ymgrymu, ac mae hynny'n anghywir. Na, dyw pethau ddim fel y bydden nhw ..."

* * *

Troi ar y chwith ar ôl y capel, dyna ddywedodd y gweinidog wedi rhoi benthyg ei gar, ac ymddiheuro am fethu â dod ei hun. Rhywbeth fel Tî-hîl oedd enw'r lle. Edrychodd Say Hin ar ddarn o bapur ar sedd flaen y car, i'w gymharu â'r enw ar lechen Gymreig wrth ddrws y ffermdy. Ie, Tŷ-hir. Dyma fo yn y lle iawn, mae'n debyg. Parciodd cyn glosied at y tŷ ag y medrai, i osgoi'r fuches oedd newydd adael y parlwr llaeth ym mhen arall y buarth, ac yn ymlwybro'n ddioglyd yn ôl i'r cae.

Daeth y ffermwr ar draws y buarth yn ei oferôls glas. Dyn tal, canol oed, a llygaid glas yn goleuo'i wyneb gwritgoch dan sioc o wallt brith, ond ni sylwodd ei ymwelydd ar fanylion felly. Iddo fe, yr oedd dynion gwyn i gyd yn edrych yn debyg i'w gilydd.

"Chi ydi'r Parch Tan Say Hin, mae'n siŵr? William Lloyd ydw i. Croeso i chi! Croeso i Gymru, croeso i'r ofalaeth, a chroeso i Tŷ-hir! Dowch i fewn, wir. Mae hi wedi oeri."

Arweiniodd William Lloyd y ffordd rownd wal wen y tŷ ac i mewn drwy'r drws cefn. Trodd i rybuddio'i westai am y capan isel, ond doedd dim angen.

"Ydech chi am dynnu'ch côt?"

"Diolch. Yr wyf yn iawn." Cawsai Say Hin siaced gwilt yn anrheg gan ei fam cyn gadael Kuala Lumpur, ac roedd ei gwisgo'n amheuthun iddo. Heblaw hynny, doedd y Cymry ddim fel pe baen nhw'n teimlo'r oerni, a wyddech chi byth sut y byddai eu tai. Ond roedd yna gynhesrwydd yn dod o ddrws agored y gegin ar ei chwith, a sŵn siarad benywaidd, ac aroglau od, di-sbeis. Er ei siom, arweiniodd William Lloyd ef i ystafell fach oer braidd, ond digon cysurus, wrth ffrynt y tŷ.

"Gawn ni lonydd yn y fan hyn i gael sgwrs. Mi ddaw un o'r merched â the i ni yn y munud. Eisteddwch, Mr Hin."

"Diolch yn fawr. Gaf i ddweud, gan ymddiheuro, mai Say Hin y bydd fy ffrindiau yn fy ngalw."

"O! Mr Say Hin."

"Wel, y, nage, a bod yn fanwl. Mae rhai pobl yn dweud Mr Tan, ond does dim angen hynny. Mae Say Hin yn well gen i."

"O! 'Dech chi'n troi'ch enw ffordd chwith, felly? O, mae'n ddrwg gen i. Mae'n siŵr nad ydi o ddim y ffordd chwith i chi." I guddio'i chwithdod, plygodd William Lloyd ymlaen i gynnau'r tân trydan.

"Dw i'n deall 'ych bod chi'n gwneud gwaith ymchwil

ar grefydd yng Nghymru."

"Ydwyf. Yr wyf yn ddiolchgar iawn i chwi am roi eich amser i fy helpu. Yr wyf yn deall fod eich teulu wedi bod yn flaengar iawn yn ... sut ydych chwi'n dweud, yr –"

"Yr achos. Ia, wel, dwn i ddim am flaengar. Mi ddaru fy hen daid roi tir i godi capel. Er mwyn i ni gael capel Cymraeg, 'dech chi'n dallt. Saesneg oedd iaith yr eglwys, a doedd y gwasanaeth ddim yn golygu llawer i ni'r Cymry. Mae'r iaith yn bwysig dros ben i ni. Dw i'n siŵr y byddwch chi'n gweld hynny wrth i chi wneud 'ych gwaith ymchwil. Mi yden ni'n dweud mai Cymraeg ydi iaith y nefoedd. O! mae'n ddrwg gen i. Doeddwn i ddim yn golygu sarhad ar yr iaith Tsieineaidd."

Arbedwyd ef gan yr embaras hwn eto gan ei ferch ieuengaf yn dod i mewn hefo hambwrdd o de a bara brith a sgons.

"Dyma Bethan."

"O, helô," meddai Bethan cyn i'r wên lydan a'r cyrls brown ddiflannu rownd y drws. Clywodd Say Hin y chwerthin cyn i ddrws y gegin gau.

"Wel, diolch yn fawr. Ie, te gwan, os yn bosibl. Na, dim llaeth, dim siwgr."

Cymerodd y gwpan fawr las a gwyn. Wnaeth ef na William Lloyd ddim sylwi fod llun y ddau yn y cwch dan yr helyg yn batrwm Tsieineaidd.

Wedi i'r te ei gynhesu, dechreuodd William Lloyd fynd i hwyl wrth sôn am y traddodiad ymneilltuol a'i hen ogoniant.

"Diar mi! Mi fydde'r capeli i gyd yn llawn pan o'n i'n blentyn. Dair gwaith bob Sul y bydden ni'n mynd. A chadw'r Saboth! Neb yn meddwl am dorri gwair ar ddydd Sul, hyd yn oed os collech chi'r cynhaeaf! Fase dim lwc wedi dŵad o wair wedi'i dorri ar Ddydd yr Arglwydd. Mae arna i ofn bod pethe'n dirywio'n arw. Does yna ddim pregethwrs mawr rŵan. A dydi'r rhai sy gynnon ni ddim yn edrych fel pregethwrs o gwbl. Dim parch i'w swydd. Faswn i'n maddau iddyn nhw am beidio gwisgo coler gron, ond mi weles i un yn mynd i'r pulpud mewn Hush Puppies – o wyddoch chi, sgidie swêd. Ac ar ddiwrnod gwaith maen nhw'n gwisgo anoracs bob lliw! Na, dydi pethe ddim fel y bydden nhw..."

* * *

Daeth Say Hin i lawr grisiau'r awyren yn Singapore gan groesawu am unwaith y wlanen laith o awyr poeth a ddaeth i'w gyfarfod. Tynnodd ei siaced gwilt ac ymlaciodd wrth glywed yr ieithoedd Tsieineaidd o'i gwmpas, yr oslef ddigamsyniol yn falm i'w glust. Synnodd mor dwt oedd y genethod o'u cymharu â merched praffiach Cymru, ac mor lân oedd y maes awyr. Roedd hi'n braf bod ar y ffordd adref. Câi nawr flasu a mwynhau popeth yr oedd wedi bod â hiraeth amdanynt am flwyddyn gron. Siawns nad oedd ganddo amser i gael diod o leim ffres cyn mynd i chwilio am yr awyren fach i Kuala Lumpur.

A'r gwydraid gwyrdd yn pefrio yn ei law dde, a'i fag llaw yn ei law chwith, aeth i chwilio am le i eistedd. Doedd yna'r un bwrdd gwag i'w weld. Mentrodd at un bwrdd lle'r oedd dyn ifanc gwyn yn eistedd yn darllen y papur ac yn sipian, yn anochel, ddiod o leim ffres.

"Excuse me, if you please, may I share your table?"

Plygodd Llywarch y papur newydd i gael gweld heibio iddo.

"Oh, yes, certainly, please do."

Yna daliodd ati i ddarllen y *Straits Times*. Dyma'r rhifyn olaf y byddai'n debyg o'i weld. Drennydd byddai'n pori yn y *Daily Post*.

Nodyn am y cyfranwyr

Bethan Evans: Merch o'r Brithdir, ger Dolgellau, yw Bethan. Ers iddi raddio mewn Ffrangeg yn Aberystwyth, mae wedi gweithio yn Nigeria gyda'r VSO, dysgu Ffrangeg a chynhyrchu rhaglenni gyda Radio Cymru. Bellach mae'n hyrwyddo llenyddiaeth yng Ngwynedd ac yn ysgrifennu ar ei liwt ei hun. Cafodd ei nofel gyntaf *Amdani!* dderbyniad gwresog.

Mared Lewis Roberts: Yn enedigol o Falltraeth ond bellach yn byw ym Mhorthaethwy, Ynys Môn. Enillodd Goron yr Eisteddfod Ryng-golegol yn 1989, a daeth yn ail am y Goron yn Eisteddfod Genedlaethol yr Urdd, Maldwyn, yn 1988. Wedi cyfnod o ddysgu bu'n Rheolwr Datblygu gyda Phartneriaeth Addysg Busnes TARGED, ac mae nawr yn ysgrifennu a sgriptio yn llawn amser.

Angharad Price: Magwyd Angharad ym Methel ger Caernarfon. Fe'i haddysgwyd yn ysgol Bethel, ysgol Brynrefail, Llanrug, a Choleg Iesu, Rhydychen, lle graddiodd mewn Almaeneg. Mae wrthi ar hyn o bryd yn cwblhau doethuriaeth ar lenyddiaeth gyfoes Gymraeg. Hi yw un o gyd-olygyddion y cylchgrawn *Tu Chwith*.

Eleri Llewelyn Morris a *Ruth Taylor:* Mae Eleri Llewelyn Morris a Ruth Taylor wedi bod yn ffrindiau ers eu dyddiau yng Ngholeg y Brifysgol, Caerdydd, lle bu Eleri yn astudio seicoleg a Ruth yn astudio Lladin a Groeg. Erbyn hyn mae Eleri yn gweithio fel ysgrifenwraig ar ei liwt ei hun a Ruth yn byw yn yr India ar odrau'r Himalayas. Dyma'r tro cyntaf iddyn nhw ysgrifennu ar y cyd – ond eu gobaith yw dod at ei gilydd i ysgrifennu ar gyfer y teledu pan ddaw Ruth yn ôl o'r India.

Robat Gruffudd: Sefydlydd gwasg Y Lolfa. Enillodd ei nofel gyntaf, *Y Llosgi,* Wobr Goffa Daniel Owen, ac roedd ei nofel ddiweddaraf, *Crac Cymraeg,* ar restr fer Llyfr y Flwyddyn, 1997.

Elin ap Hywel: Ganed Elin ap Hywel ym Mae Colwyn yn 1962. Bu'n gweithio fel golygydd i wasg Honno yn ddiweddar, cyn symud i Gaerdydd i weithio fel cyfieithydd a chynorthwyydd golygyddol yn yr Amgueddfa Genedlaethol.

Sioned Puw Rowlands: Brodor o Rydypennau ger Aberystwyth. Wedi graddio mewn Athroniaeth a Ffrangeg yng Ngholeg Newydd Rhydychen, treuliodd flwyddyn yn dysgu Saesneg ym Mhrifysgol Mendel yn Brno yn y Weriniaeth Tsiec. Enillodd Fedal Lenyddiaeth Eisteddfod Genedlaethol Urdd Gobaith Cymru Bro Maelor yn 1996. Mae ar hyn o bryd yn astudio ar gyfer doethuriaeth ac yn gweithio fel swyddog hyrwyddo Cyfieithu llenyddiaeth Gymraeg gyda Cyngor y Celfyddydau.

Islwyn Ffowc Elis: Wedi ei eni yn Wrecsam a'i fagu yn Nyffryn Ceiriog, a byw wedyn mewn sawl ardal yng Nghymru fel gweinidog, awdur a darlithydd, mae bellach wedi ymgartrefu yn Llanbedr Pont Steffan. Cyhoeddodd gyfrol o ysgrifau, *Cyn Oeri'r Gwaed,* yn 1952 ac yna wyth nofel, yn eu plith *Cysgod y Cryman, Ffenestri Tua'r Gwyll* a *Tabyrddau'r Babongo,* un ddrama a chyfrol o straeon, *Marwydos,* yn 1974. Ar hyn o bryd mae'n gweithio ar nofel arall.

Eirug Wyn: Yn enedigol o Lanbryn-mair ond bellach wedi ymgartrefu yn y Groeslon, Caernarfon. Mae'n awdur ac ymchwilydd llawn amser. Cyhoeddodd eisoes gyfrol o straeon byrion, *Y Drych Tywyll,* a thair nofel: *Smôc Gron Bach* a enillodd Wobr Goffa Daniel Owen yn Eisteddfod Genedlaethol Nedd a'r Cyffiniau yn 1994, *Lara* (1995) ac *Elvis: Diwrnod i'r Brenin* a gyhoeddwyd y llynedd.

Richard Crowe: Mae Richard Crowe yn byw yn Aberystwyth ac yn gweithio fel Golygydd Cynorthwyol ar Eiriadur Prifysgol Cymru. Mae ar hyn o bryd yn ysgrifennu cyfrol ar hoywder a llenyddiaeth Gymraeg.

Gwyneth Carey: Merch y Siop, Pentrefoelas. Graddiodd mewn meddygaeth o Brifysgol Lerpwl a bu'n byw oddi allan i Gymru wedyn am rai blynyddoedd. Ymddeolodd yn 1989. Astudiodd am radd allanol ym Mhrifysgol Aberystwyth gan raddio y llynedd. Dechreuodd ymhél â sgrifennu'n greadigol yn dilyn cwrs yng Nghanolfan Tŷ Newydd, Llanystumdwy. Cipiodd ei nofel gyntaf *Mwg,* wobr Goffa Daniel Owen yn Eisteddfod Genedlaethol Meirion a'r Cylch, y Bala, eleni

Yn yr un gyfres:

SBECTOL GAM
MWYS A MACÂBR
RHOSOD A CHWYN
Pris £5.95 yr un

Mwy o lên gyfoes o'r Lolfa!

EILEEN BEASLEY
Yr Eithin Pigog

Casgliad o ddeg stori wedi eu selio ar hanes Marged, angor o wraig a frwydrodd i gadw bywyd ei theulu yn grwn. Straeon hunangofiannol eu naws sy'n costrelu blas y gorffennol.

£5.95   0 86243 420 3

ANDROW BENNETT
Dirmyg Cyfforddus

Ar wyliau yng Nghymru y mae Tom pan ddaw ar draws Anna, Americanes nwydus, dinboeth yn wir. . . Ie, hon yw hi – y nofel erotig gyntaf yn Gymraeg!

£6.95   0 86243 325 8

MARTIN DAVIS
Brân ar y Crud

Pwy sydd ag achos i ddial ar y Cynghorydd Ted Jevans, un o bileri'r gymdeithas? Wrth ddadlennu'r ateb mae'r awdur yn codi'r llen ar fyd tywyll, bygythiol yn llawn cyfrinachau rhywiol. . .

£5.95   0 86243 350 9

ELIS DDU
Post Mortem
Gweledigaeth uffernol o ddoniol o'r Gymru Hon – yn llythrennol felly: campwaith unigryw sy'n siŵr o ennyn ymateb o Fôn i Fynwy!
£5.95   0 86243 351 7

GLYN EVANS
Jyst Jason
O sedd ôl Morris Mil i sedd ffrynt y Myrc coch, taith ddigon egr a gafodd Jason Gerwyn ar hyd ei oes fer…cyfrol frathog yn llawn pathos a dychan.
£4.95   0 86243 398 3

LYN EBENEZER
Noson yr Heliwr
Cyfres Datrys a Dirgelwch
Pan ddarganfyddir corff myfyrwraig ger yr harbwr yn nhref brifysgol, Aber, mae'r Athro Gareth Thomas yn cynnig helpu'r Arolygydd Noel Bain i ddod o hyd i'r llofrudd. Nofel o'r ffilm o'r un enw.
£5.50   0 86243 317 7

DYFED EDWARDS
Dant at Waed
Nofel iasoer am Tania a'i chriw sy'n bodloni eu chwant am waed yng nghylbiau nos y ddinas: cyfrol gyffrous sy'n hyrddio'r nofel Gymraeg i faes cwbl newydd.
£5.95   0 86243 390 8

DYFED EDWARDS
Cnawd
Cyfrol o ddeg o straeon arswyd gan awdur ifanc sy'n feistr ar fferru'r gwaed.
£5.95   0 86243 417 3

BETHAN EVANS
Amdani
Nofel am griw o ferched sy'n sefydlu tim rygbi. Od fel mae ambell un yn newid yn llwyr wedi dengid oddi wrth y swnian a'r sinc... Nofel feistrolgar, eithafol o ddarllenadwy, gan awdur newydd sbon.
£5.95   0 86243 419 X

ROBAT GRUFFUDD
Crac Cymraeg
Nofel swmpus am densiynau personol a gwleidyddol sy'n codi yn sgil bygythiad i ddatblygu pentref Llangroes. Symuda'r nofel yn gyflym rhwng Bae Caerdydd, Caer, Llundain – ac ambell i Eisteddfod Genedlaethol! *Rhestr Fer Llyfr y Flwyddyn 1997.*
£7.95   0 86243 352 5

MELERI WYN JAMES
Stripio
Casgliad o storïau bachog, tro-yn-y-gynffon gan awdur ifanc.
£4.95   0 86243 322 3

OWAIN MEREDITH
Diwrnod Hollol Mindblowing Heddiw
Dyddiadur blwyddyn drwy sbectol personol, seicadelig yr awdur: unigryw, gonest, *mindblowing!*
£5.95   0 86243 395 9

TWM MIALL
Cyw Haul
Nofel liwgar am lencyndod mewn pentref gwledig ar ddechrau'r saithdegau. Braf yw cwmni'r hogia a chwrw'r Chwain, ond dyhead mawr Bleddyn yw rhyddid personol. . . Clasur o lyfr o ysgogodd sioe lwyfan a ffilm deledu.
£4.95   0 86243 169 7

MIHANGEL MORGAN
Saith Pechod Marwol
Cyfrol o straeon byrion hynod ddarllenadwy. Mae'r arddull yn
gynnil, yr hiwmor yn ffraeth ond yna'n sydyn sylweddolwn nad
yw realiti fel yr oeddem wedi tybio o gwbwl. . . *Rhestr Fer Llyfr y
Flwyddyn 1994.*
£5.95   0 86243 304 5

ELERI LLEWELYN MORRIS
Genod Neis
Dwsin o straeon syml, crefftus. Mae gan y cymeriadau eu hofnau
a'u siomedigaethau ond mae ganddynt hefyd hiwmor ac afiaith
iachus. . .
£4.95   0 86243 293 6

JOHN OWEN
Pam Fi, Duw, Pam Fi?
Darlun, trwy lygaid disgybl, o fywyd yn un o ysgolion uwchradd
dwyieithog de Cymru; yr iaith mor *zany* â'r hiwmor, ond y mae
yna ddwyster a thristwch hefyd. *Enillydd Gwobr Tir na n-Og
1995.*
£5.95   0 86243 337 1

ANGHARAD TOMOS
Wele'n Gwawrio
Nofel fentrus, weledigaethol am griw o gymeriadau brith yn
wynebu ddiwedd y mileniwm. *Cyfrol Y Fedal Ryddiaith 1997.*
£4.95   0 86243 432 7

ANGHARAD TOMOS
Titrwm
Nofel farddonol am ferch fud-a-byddar sy'n ceisio mynegi
cyfrinachau bywyd i'r baban sydd yn ei chroth. . .
£4.95   0 86243 324 X

URIEN WILIAM
Cyffur Cariad
Cyfres Datrys a Dirgelwch
Mae Lyn Owen, swyddog tollau, yn ymholi i mewn i farwolaeth
amheus merch a garai, a'r ymchwil yn ei arwain i'r Andes, ac i
borthladdoedd lliwgar Cyprus. . .
£4.95   0 86243 371 1

MARCEL WILLIAMS
Cansen y Cymry
Nofel hwyliog wedi'i lleoli yng nghefn gwlad Cymru pan oedd
gormes y *Welsh Not* ac arolygwyr ysgolion fel y merchetwr
Matthew Arnold yn dal yn hunllef byw. . .
£4.95   0 86243 284 7

EIRUG WYN
I Ble'r Aeth Haul y Bore?
Nofel am y Rhyfel Catref yn yr Amerig, ac am ormes y dyn gwyn
ar yr Indiaid: astudiaeth ddiarbed o ddioddefaint dan orthrwm
mewnol ac allanol.
£5.95   0 86243 435 1

EIRUG WYN
Elvis—Diwrnod i'r Brenin
Y gwir a'r gau, y cyhoeddus a'r preifat, y golau a'r tywyll am Elvis
mewn nofel sy'n croesholi a chroeshoelio'r eilun poblogaidd.
£4.95   0 86243 389 4

Am restr gyflawn o'n llyfrau diweddaraf, mynnwch eich copi personol o'n Catalog newydd, lliw-llawn – mae ar gael yn rhad ac am ddim. Neu hwyliwch i mewn iddo ar ein safle ar y We Fyd-eang!

TALYBONT CEREDIGION CYMRU SY24 5HE
e-bost ylolfa@ylolfa.com
y we http://www.ylolfa.com/
ffôn (01970) 832 304
ffacs 832 782
isdn 832 813